# Robert Menasse
# Dummheit ist machbar

## Begleitende Essays
## zum Stillstand der Republik

## Sonderzahl

*Das war die Zweite Republik* ist ein Originalbeitrag. Die anderen – neu durchgesehenen und überarbeiteten – Essays erschienen im Lauf der letzten beiden Jahre in Medien wie *Falter, Format, profil, Die Presse, Der Standard* u.a.

Alle Rechte vorbehalten
© 1999 Sonderzahl Verlagsgesellschaft m.b.H., Wien
Satzbelichtung: VISCOM GmbH, Wien
Schrift: Rotis serif 55 roman
Druck: REMA*print*, Wien
ISBN 3 85449 155 7

Umschlag von Thomas Kussin

# Inhalt

Das war die Zweite Republik

1. Der Held und sein Wetter
Oder: Wer hier seine Schuldigkeit tut

Sollte einmal eine Geschichte der Zweiten Republik geschrieben
werden, die die österreichischen Printmedien als Quelle benutzt,
wird eine metereologische Langzeitstudie herauskommen. Österreichische Zeitungen sind ja deshalb so einzigartig, weil sie am
liebsten den Wetterbericht in der Schlagzeile bringen. Ein be-
rühmtes Beispiel ist jene Ausgabe des *Kurier* aus dem Jahr 1975,
das mehrfach glossiert wurde: Damals hatte der spanische Dikta-
tor Franco, gleichsam vom Sterbebett aus, fünf baskische Oppo-
sitionelle zum Tod verurteilt, und zwar durch die Garotte, eine
mittelalterliche, besonders grausame Hinrichtungsmethode. Die
Schlagzeilen der Weltblätter zeigten unisono Protest gegen den
spanischen *Caudillo*, nur der *Kurier* machte mit den Lettern auf:
»Es ist soweit: Der Herbst ist da!«

Zwei Jahre später, als der Herbst zum internationalen Thema
wurde, nämlich der »Deutsche Herbst«, schlagzeilten *Kurier* und
*Krone*: »Schönster« bzw. »Wärmster Herbst seit 51 Jahren!«

Es müssen schon Kriege in der unmittelbaren Nachbarschaft
ausbrechen, um das Wetter aus den österreichischen Schlagzeilen zu verdrängen, aber selbst dann kann das österreichische
Know-how siegen: »Nebel! scheitern Luftangriffe am Wetter? (*Kronen Zeitung*)

Viel zu wenig beachtet wurde bislang ein möglicher Grund dafür, warum Bruno Kreisky immer wieder Robert Musils *Der Mann
ohne Eigenschaften* als seinen Lieblingsroman bezeichnet hat: Es

7

ist *der* österreichische Roman, der mit einem Wetterbericht beginnt. Aber erst als der derzeitige Kanzler Viktor Klima medial verbreitete, daß sein Lieblingsroman ebenfalls *Der Mann ohne Eigenschaften* sei, waren österreichische Tradition, avancierte Medienpolitik (= Politik für die Medien) und moderner Paternalismus in höchster Staatsrepräsentation zusammengefaßt: Glücklich das Land, dessen Regierungschef sich für die Titelseiten der Zeitungen mit Wassereimern und Gummistiefeln bereithält, wenn die Isothermen und Isotheren, anders als in Musils Österreich, einmal nicht ihre Schuldigkeit tun.

Andererseits: Friedrich Christian Delius hat in seiner Untersuchung *Der Held und sein Wetter* gezeigt, daß im bürgerlichen Entwicklungsroman das Wetter stets zum Gang der Handlung und zur Entwicklung der Haupthelden paßt und so zur Metapher für individuelle und gesellschaftliche Entwicklung wird. Schneeinferno und Regenkatastrophen in Österreich, Lawinen und Muren, kreißende Berge, einstürzende Stollen, Sonnenfinsternis – und demnächst Wahlen.

Wird die Schlagzeile am Tag nach der Wahl »Erdrutsch« sein?


## 2. Ein Vorspiel
## Oder: Das politische System Österreichs – »Da kann ich nur raten!«

Ein sonniger Freitag Nachmittag in Österreich. Beginn eines glücklichen Sommerwochenendes. Dreizehn Wochen vor den Nationalratswahlen. Die größte Zeitung des Landes, zugleich der Welt, machte mit dem Wetterbericht auf: »Hitzewelle!« – Bereits der dritte Tag in Folge, an dem die »Quecksilbersäule« auf 25 Grad und darüber steigen würde, und auch während des ganzen Wochenendes sollte es sonnig bleiben. Jeder wußte, wie die größte Zeitung am Sonntag die Titelseite gestalten würde: mit dem Foto einer Bikinischönheit, fotografiert in einem Wiener Freibad.

Die Radiomoderatoren verbreiteten gute Laune (»Bitte Lächeln!

Geblitzt wird in ...«), ein Radiosender bot seinen Hörern die Möglichkeit, ihr Glück zu vervollkommnen, und zwar gleich jetzt!: »Jetzt anrufen und gewinnen!«

»Da hab ich jetzt einen Hörer in der Leitung! Hallooooo!? Wer ist dran?« »Ich bin der Franz!« »Franz? Super! Franz mit Ef oder mit Vau? War nur ein Witz – ich hab Dich eh gleich an der Stimme erkannt, daß Du nicht der Exkanzler bist! Wie alt bist Du Franz?« »Dreißig!« »Und von wo rufst Du an?« »Aus Wiener Neustadt!« »Super! Wie ist das Wetter in Wiener Neustadt, Franz?« »Super!« »Na super! Also Franz, mit ein bißchen Glück lacht Dir nicht nur die Sonne, sondern auch das Glück. Bist Du bereit?« »Ja!« »Also. Du weißt, worum es geht. Und jetzt die Preisfrage: Wie-viele Ab-ge-ordnete sitzen im österreichischen Nationalrat?«

»Oje. Da kann ich nur raten!«

Nach einer langen Schweigesekunde antwortete Franz: »Neun!«

»Wieviel, Franz? Ich hab nicht gut verstanden. Neunzig?«

Aber Franz insistierte: »Neun!«

»Also Franz sagt neun. Neun. Aber da haben wir noch wen in der Leitung. Sein Kontrahent iiist – Hallooooo!? Wer spricht?« »Hallo servus, ich bin die Petra!« »Petra von wo?« »Aus St. Pölten!« »Petra aus St. Pölten! Super! Also Petra, Du trittst gegen den Franz an. Du weißt, wir haben bald Wahlen, also wieviele Abgeordnete sitzen im österreichischen Nationalrat? Franz sagt neun!« »Nein, das sind mehr! Also, viel mehr!« »Also Du sagst, es sind viel mehr. Super, Petra! Aber wieviel genau? Zumindest so ungefähr?«

»Achtzehn!«

Der Radiomoderator, wahrlich kein Depp, wollte ergründen, wie die beiden Anrufer auf diese Zahlen kamen. Unglaublicherweise fand er eine schlüssig klingende Interpretation: Ob die beiden Anrufer vielleicht geglaubt hätten, daß pro Bundesland ein Abgeordneter bzw. zwei in den Nationalrat entsandt würden? Nein, nein, riefen Petra und Franz, wirklich nicht, sie hätten nur geraten.

Den Preis gewann Petra aus St. Pölten – Sie war an der richtigen Zahl »näher dran!«

## 3. Kleine Pause
### Oder: Die Gratisschulmilch der frommen Denkungsart

Franz ist dreißig Jahre alt. Und Petra, die vom Moderator – offenbar einem Kavalier der alten Schule – nicht nach ihrem Alter gefragt wurde, weil sie eine Dame ist, wird sicherlich nicht älter sein, ihrer Stimme nach eher jünger. Das heißt, daß beider Biographien zur Gänze in die Zeit der »sozialdemokratischen Bildungsoffensive« fallen, die nach Kreiskys Wahlsiegen 1970/71 eingesetzt hatte. Franz und Petra sind gratis zur Schule und nach der Schule wieder gratis nach Hause befördert worden. Sie bekamen gratis Schulbücher. Für Franz und Petra wurden Fächer wie »Staatsbürgerkunde« eingeführt. Was haben Franz und Petra in dieser Zeit gemacht, in der auch die österreichischen Politiker lernten, einander regelmäßig aufzufordern, »die Hausaufgaben zu machen«?

Man soll sich über Franz und Petra nicht lustig machen: Nach dreißig Jahren »sozialdemokratischer Bildungsoffensive« wählt jeder dritte österreichische Maturant eine Rechtsaußen-Partei, hat Österreich die höchste Rate an sekundärem Analphabetismus und die niedrigste Rate an Hochschulabsolventen in Europa. Nach dreißig Jahren »Bildungsoffensive« wird immer noch an den kostenlosen Schullesebüchern herumgedoktert, weil immer wieder rassistische und frauenfeindliche Stellen bekannt werden.

Nach dreißig Jahren sozialdemokratischer Bildungsoffensive verspricht die österreichische Sozialdemokratie, so sie bei den kommenden Wahlen wieder die Mehrheit erhält, eine »Bildungs- und Forschungsoffensive«.

Es ist eines der großen politikwissenschaftlichen Rätsel der Welt, wie es möglich ist, daß eine Partei wie die SPÖ in Österreich seit nunmehr dreißig Jahren regelmäßig die Wahlen mit Versprechen gewinnt, die einzulösen sie bislang, wiewohl regierend, verabsäumt hat. Dagegen sind die Inkohärenzen der Oppositionsparteien, die in einem Untertanenstaat wie Österreich natürlich gnadenlos gegeißelt werden, völlig belanglos, und selbst die täppischen Slogans des kleineren Koalitionspartners in der Regierung sind daneben bloße kabarettistische Marginalien (etwa wenn der Vizekanzler plakatiert: »Wer die Politik zur Show macht, verliert rasch die Substanz!« und gleichzeitig mit Heimatliedern eine Tournee beginnt).

Alles, wofür die SPÖ steht und was sie von Wahl zu Wahl verspricht, ist tatsächlich ein gesellschaftliches Desiderat. Vielleicht ist das der Grund für ihren Langzeiterfolg: daß es ein unbedingtes, ja wachsendes Desiderat auch bleibt. Zum Beispiel: »Echte Chancen für Frauen!« Mit diesem Slogan wirbt heute die Partei, die seit dreißig Jahren regiert und in dieser Zeit die Schere zwischen Frauen- und Männereinkommen für gleiche Arbeit nicht nur nicht schließen oder zumindest verkleinern konnte, sie hat mit der Regierungsverantwortung vielmehr auch die Verantwortung dafür, daß diese Schere sich noch dramatisch geöffnet hat: Die Differenz liegt nun bei 31%. Und diese Zahl ist noch teilzeitbereinigt, sonst wäre sie noch größer.

Nur manchmal schlägt die Sprache listig der Partei ein Schnippchen: Bei den letzten Gemeinderatswahlen in Kärnten plakatierte die SPÖ: »Frauen und Kinder zuerst!« – Zum erstenmal in der Geschichte der bürgerlichen Demokratien hatte eine politische Partei also mitgeteilt: »Wir sind ein sinkendes Schiff!«

Und dann kam die Kärntner Landtagswahl. Aber das ist ein eigenes Kapitel.


## 4. Ein Rückblick
## Oder: Wie Österreich die Chance nützte, nocheinmal neu zu werden

Wenn es bergab geht, will Österreich unschlagbar sein. Aber abgesehen vom Schifahren gefiel sich die Zweite Republik grundsätzlich in der Rolle eines Nachzüglers, der vom Leben belohnt wird, weil er regelmäßig zu spät kommt. Zeitgenossenschaft mit internationalen Entwicklungen und neuen Phänomenen im sozialen, wirtschaftlichen und kulturellen Leben kannten die Zweitrepublikaner oft nur von der Auslandsberichterstattung der Medien, und sie wußten – abgebrüht, selbstzufrieden und entspannt –, daß es dauern werde, »bis das auch zu uns kommt«. Manchmal kam »es« auch gar nicht, das waren gesellschaftliche Prozesse, die anderswo zwar Jahre prägten, aber doch nicht langlebig genug waren, um auch Österreich zu erreichen – und so hatten »wir uns etwas erspart«.

Nicht daß es in Österreich keine innovativen Geister gäbe oder gegeben hätte. Aber in der Regel erwiesen sie sich als Vorreiter nur insofern, als sie, verbittert oder angeödet von der Mentalität und den Lebens- und Arbeitsbedingungen in Österreich, hier eine Modernisierung einforderten, die anderswo längst durchgesetzt oder gar bereits Geschichte war. Sie standen also nicht so sehr für radikale Innovation, sondern wesentlich für eine Verkürzung der Zeitspanne, die es in diesem Land eben brauchte, bis internationale Standards mit der Automatik von Gottes Mühlen auch hier ein- oder versickerten. Im Grunde waren alle diesbezüglichen Konflikte in Österreich schon damals, als sie hier zeitgenössisch waren, bereits historisch. In der Kunst etwa importierte die österreichische Avantgarde der Fünfzigerjahre die internationalen Errungenschaften der Zwanzigerjahre und sah sich dafür skandalisiert von einem öffentlichen Bewußtsein, das in seinem ästhetischen Verständnis und seiner Begriffswahl (»Entartmänner«) von den späten Dreißigerjahren geprägt war. In den siebziger Jahren spaltete sich das literarische Leben in Österreich durch den Versuch der Jüngeren, die ästhetische Debatte der Sechziger Jahre auch hierzulande durchzusetzen. Und in der Politik gilt seit ebendiesen Siebzigerjahren in Österreich derjenige als innovativ, der zu stoßen beginnt, was international längst gefallen ist und hier gerade zu wanken begann.

Einmal, ein einziges Mal aber kam es bekanntlich so ungewollt wie zunächst unerkannt dazu, daß Österreich politisch und gesellschaftlich in eine wirkliche Avantgarde-Rolle stolperte, plötzlich nicht Nachzügler einer ohnehin statthabenden internationalen Entwicklung war, sondern sie tatsächlich im Kleinen vorwegnahm, sich objektiv als Vorreiter erwies – auch wenn die »Vorreiter«-Rolle, gut österreichisch, ebenfalls einer historischen Aktualisierung entsprang, nämlich der Debatte über die Biographie des Präsidentschaftskandidaten Kurt Waldheim, der seinerzeit »nur mitgeritten« war. Man kann heute mit Fug und Recht behaupten, daß das Jahr 1989, das die europäische Ordnung und schließlich die Weltordnung von Grund auf verändern sollte, in Österreich bereits drei Jahre vorher, im Jahr 1986 stattgefunden, durchgespielt, vorweggenommen wurde – in dem Sinn, daß danach im Grundsätzlichen nichts mehr so bleiben sollte, wie es vordem gewesen ist.

Waldheims Satz »Ich habe nur meine Pflicht getan« – derselbe Satz, mit dem sich der 1961 aus Österreich ausgebürgerte Eichmann bei seinem Prozeß zu rechtfertigen versucht hatte –, löste gesellschaftliche Diskussionen in einer Heftigkeit aus, die zu einer plötzlichen Erosion der österreichischen Verhältnisse führen sollten, die bis dahin völlig versteinert schienen. Dazu kam im selben Jahr die Wahl Jörg Haiders zum Parteiobmann der FPÖ, dem, wie sich erweisen sollte, ersten wirklichen und wirksamen Oppositionspolitiker in diesem Land, das sich einzigartigerweise vierzig Jahre lang als parlamentarische Demokratie verstanden hatte, ohne die Grundvoraussetzung von funktionierendem Parlamentarismus je erfüllt zu haben: nämlich die Existenz einer parlamentarischen Opposition, mit der die Regierung sich öffentlich auseinandersetzen und Konflikte austragen muß, statt die Konflikte zwischen gesellschaftlichen Interessengruppen abseits des Parlaments sozialpartnerschaftlich zu planen.

Im Jahr 1986 wurde also die alte, starre, wie für die Ewigkeit gemachte Verfaßtheit Österreichs in die Zange genommen und geradezu zerbröselt: Die eine Zangenbacke war der massiv heftiger werdende gesellschaftliche Diskurs, der alles in Frage stellte, was bislang Tabu, Mythos, bequeme Gewohnheit und letztlich jegliche Intelligenz beleidigendes Legitimationsritual war; die andere Zangenbacke die kontinuierlich stärker werdende politische Opposition, die, buchstäblich von der anderen Seite, alle politischen Tabus brach, die bis dahin konstitutiv waren für die stickig-gemütliche Windstille und aufreizende demokratische Unreife Österreichs.

Österreich konnte also Vorreiter einer geschichtsmächtigen Entwicklung werden, weil es in diesem historischen Moment europa- und weltweit zunächst gar nicht um die Zukunft ging, sondern um die Vergangenheit: nämlich darum, die versteinerten Nachkriegsverhältnisse endlich aufzubrechen. Dazu gab es in der Zweiten Republik 1986ff ideale Bedingungen – das war Österreichs Jahrhundertchance.

Der Vorsprung, wie man nun rückblickend feststellen muß, hielt gleichsam »nur eine Viertelstunde«. Nach kürzester Zeit hatte sich dieses Land wieder eingebunkert, an die Bunkertür das Schild »Wartesaal für EU-Beitritt« angebracht und wartete darauf, ob sich die Weltenläufte überhaupt als mächtig genug erweisen würden, uns zu einem Glück zu zwingen, das sich eben erst als Chance angeboten hatte. Als Jahre nach 1986 auch international die Nachkriegsordnung implodierte, sah sich Österreich, starr und zugeknöpft wie sein damaliger Kanzler Vranitzky, in einer rundum bewegten Welt; bewegt von dynamischen Entwicklungsprozessen, auf die mit Erstarrung und Angst reagiert wurde, statt mit dem Stolz, Selbstbewußtsein und Erfolgsgefühl des Landes, das diese Transformationskrisen bereits Jahre zuvor zu meistern gehabt hatte. Oder hätte. Die neue Weltordnung, sie hätte vorgespielt werden können in einer kleinen Welt – aber nein, leider! Was Österreich vormachen hätte können, wurde nur viel später halbherzig nachgehaspelt, wo Österreich sich am eigenen Schopf aus einem historischen Sumpf ziehen hätte können, wurde lediglich auf peinliche Weise ein Toupet gelüpft, und wo Österreich in einer sich öffnenden und vernetzenden Welt eine so naheliegende wie überfällige Weltoffenheit beweisen hätte können, wurden Männer wie Löschnak oder Schlögl zu Helden der Inneren Sicherheit.

Was ist da geschehen? Es ist sehr schnell gegangen, fast unmerklich, aber am Ende kam es doch zu einem sehr deutlichen Bruch, in dessen Folge Österreich nicht mehr Vorreiter war, sondern jener Statist, der im dritten Akt ausrufen darf:»Die Pferde sind gesattelt!« – wovon sich allerdings auch Fotos machen lassen, die den Statisten im Kreis der Hauptdarsteller zeigen. Als wäre es bloß darum gegangen. Aber vielleicht war es das auch. Vielleicht war etwa das landesweit plakatierte Foto von Viktor Klima mit Tony Blair und Gerhard Schröder, nach den Krisen und Brüchen, die Österreich seit 1986 erlebt hat, eine Art Heimkehr in die Kindheit der Republik. Denn unter diesem Foto hätte trefflich der erste Satz eines Leitartikels aus dem *Neuen Österreich* von 1946 stehen können (Der Titel war übrigens »Über die politische Großwetterlage«): »Wir sind ein kleines Land, Statisten der Weltpolitik, aber die Augen der Großen sind auf uns gerichtet«.

## 5. Brüche
**Oder: »*Brechen,* österr. f. *erbrechen,* ugs. auch *speiben*«**

Die letzten Jahre erscheinen nicht nur als Bruch der Entwicklung, die 1986 so massiv eingesetzt hatte, sondern – wenn wir in Österreich schon dauernd die fortwirkende Geschichte mitreflektieren müssen – viel grundsätzlicher noch als Bruch in Hinblick auf die Geschichte und die historisch gewachsene Mentalität, wie sie in Österreich bis dahin liebevoll oder trübsinnig, klischeehaft oder ironisch allgegenwärtig war und gepflegt oder verkauft wurde. Hatte dieser Staat jahrzehntelang auf seiner Opferrolle in der Geschichte insistiert, so läßt er nun keine Gelegenheit aus, sich zeitgenössisch schuldig zu machen. Verfassungsbruch, Verletzung der Menschenrechte, Rassismus und Antisemitismus werden nicht mehr verschleiert, versteckt, heruntergespielt, sondern offen zum Prinzip stimmenmaximierender Politik gemacht, auch von Seiten der Regierung. Und wenn Österreich etwas Besonderes hatte, was es zu Recht von der Zeit vor den beiden Faschismen postiv ableiten und worüber es sich in seiner Eigenständigkeit gegenüber Deutschland und den anderen Nachbarländern definieren konnte, dann war es, abgesehen von ein bißchen Architektur, der Sachverhalt, daß sich hier über Jahrhunderte mannigfache Völker, Kulturen und Sprachen vermischt und verschmolzen hatten – ach wie schön, schön war die Zeit, als wir vor den Augen der Großen diese Selbstinszenierung aufführten. Plötzlich aber wurde aus der österreichischen Promenadenmischung eine reine Boulevardrasse, die wütend ihre Überfremdung bekämpft. Und dies just in dem Moment, als Österreich antrat, an der nachnationalen Entwicklung unter dem Titel »Europäische Union« zu partizipieren.

Wenn man den Österreichern auch immer wieder den Vorwurf machen kann, allzugern Mitläufer zu sein, so muß man doch auch anerkennen: Es gelingt Ihnen immer wieder auf so rätselhafte wie beeindruckende Weise, gegenläufig mitzulaufen.

## 6. Brüche II
Oder: »*Auch kein Beinbruch!* Österr. f.: *Es geht weiter, wie gewohnt, höchstens ein bißchen anders!*«

Was ist Mentalität? Etwas im Lauf der Zeit gesellschaftlich Gewachsenes und in Hinblick auf gesellschaftliche Brüche und Veränderungen zweifellos ein retardierender, zumindest bremsender Faktor. Wenn allerdings eine bestimmte Art des Denkens, Fühlens, Reagierens in Österreich über Jahrzehnte eingeübt wurde, dann ist es geradezu mehr als Mentalität, dann ist es radikaler. – Was die österreichische Mentalität erfaßt hat, dem hält die Wirklichkeit nicht stand.

Das österreichische Parlament galt in der Zweiten Republik von Anfang an als »Quatschbude«, obwohl kein österreichischer Abgeordneter etwas zu reden hatte. »Quatschbude« als Synonym für Parlament ist übrigens ein Begriff des politischen Totalitarismus. Schon dies zeigt, wie eisern sich in Österreich altgewohnte Urteile oder Zuschreibungen halten, gegen alle Realität. Als Inbegriff politischer Rationalität galt den Österreichern daher nicht der Parlamentarismus, sondern ein Erbe des faschistischen Ständestaats, das nach 1950 zu einem umfassenden (Gegen-)System ausgebaut wurde: Die Sozialpartnerschaft. Und wenn auch 97% der Österreicher selbst in der Glanzzeit der Sozialpartnerschaft nicht erklären konnten, wie diese genau funktioniert, so war doch eines immer klar: Sie ist ein mit der Verfassung nicht konformes, das Parlament entmachtendes, undemokratisches System, dessen Verantwortliche eine Regierungsgewalt ausüben, in die sie nicht gewählt wurden und aus der sie daher auch niemals abgewählt werden können. Österreich ist zwar dem Namen nach eine demokratische Republik. Aber tatsächlich geht alle Macht von der Gewohnheit aus. Schon deshalb verlangt jede Änderung des Gewohnten so unerbittlich wie stillschweigend, also ganz selbstverständlich, seine gleichzeitige Aufhebung. Schon Kreisky hatte das Kunststück zuwege gebracht, einerseits von der »Durchflutung aller gesellschaftlichen Bereiche mit Demokratie« zu räsonieren, andererseits die Aufhebung der Demokratie, also das sozialpartnerschaftliche System, erst so recht in den Rang der »Realverfassung« zu erheben. Die »Realverfassung« ist in Österreich bekanntlich die wirkliche, wirksame und anerkannte Praxis im Gegensatz zur bloß geschriebenen Verfassung. Ist also »Fluten« der Begriff für Tendenzen der (gesellschaftlichen) Natur, so ist die »Realverfassung« der von den Österreichern dagegen errichtete Damm. Aber: »Österreich ist nicht allein auf der Welt« (*Neues Österreich*). Als sich Österreich anschickte, der EU beizutreten, und diesen Beitritt auch vollzog, geriet die Sozialpartnerschaft in eine veritable Krise. Es war klar, daß das europäische Kapital mit diesem »weltweit einzigartigen System«, also mit diesem schrulligen Austriazismus wenig Geduld haben werde. Dazu kam innenpolitisch der Aufstieg Jörg Haiders, der die Gunst der Stunde nützte und ebenfalls dem sozialpartnerschaftlichen System schwere Schläge verpaßte. Damit kein Mißverständnis aufkommt: Beide hatten keine hehren demokratiepolitischen Motive. Das europäische Kapital stieß sich nicht am antidemokratischen System, sondern daran, daß es zugleich auch die Liberalisierung der Wirtschaft hemmte. Und Jörg Haider ist natürlich nicht die Antithese zum demokratiepolitischen Defizit in Österreich, sondern er ist, auf der Basis tradierter und modernisierter antidemo-kratischer Konzepte, der luzidere Machtmensch: Da er schwerlich Wirtschaftskammer- und Gewerkschaftspräsident in Personalunion werden kann, müßte er, so er Kanzler wird, die Macht teilen. Haider ist also der erste Kanzlerkandidat der Zweiten Republik, der, an die Macht strebend, die Macht wirklich will. Deshalb ist er der natürliche Konkurrent der Repräsentanten des Sozialpartnerschaft: Wenn ein Mann wie er Dämme anbohrt, dann deshalb, weil er längst schon Baupläne für ganz andere Schleusen gegen die Fluten der Demokratie in der Tasche hat. Wahrscheinlich kommt genau daher sein Erfolg in Österreich: Weil er bloß das System und nicht die Gewohnheiten der Österreicher zerstört.

Wie auch immer. In der Geschichte zählt nicht unbedingt, wie edel die Absicht war, sondern wie positiv das Ergebnis. Die links-intellektuelle, demokratiepolitisch motivierte Kritik an der Sozial-partnerschaft hatte sich über Jahrzehnte als wirkungslos erwiesen – aber EU plus Haider, das saß. Zwar forderten die österreichi-schen Medien von den Sozialpartnern gebieterisch, sich am Riemen zu reißen und wieder zu funktionieren, aber das half wenig. Es kam zu einem Quantensprung in der Geschichte der österrei-chischen Demokratie: Das Parlament, in dem mittlerweile nun schon drei Oppositionsparteien saßen – alle drei natürliche Gegner der Gängelung des Parlaments durch die Sozialpartner –, erwachte.

Die Belebung und Stärkung des Parlamentarismus in Österreich muß man zweifellos als enormen Fortschritt verbuchen. Doch halt! Fortschritt ohne sofortigen Rückschritt? Demokratisierung ohne deren augenblickliche Aufhebung? Was Neues, ohne daß wir gleich wieder alt ausschauen? Es ist in diesem Land niemandem aufgefallen, zumindest wurde es öffentlich nie angesprochen und problematisiert – weder von den Medien, noch von den Opposi-tionsparteien –, aber natürlich hat eine profunde Aufhebung dieses Fortschritts stattgefunden: In eben dieser Zeit, die zu einer Stär-kung des österreichischen Parlamentarismus führen sollte, ist es in Österreich zur Gewohnheit geworden, den Kanzler nicht mehr wählen zu können, sondern einfach vorgesetzt zu bekommen.

Bruno Kreisky war der letzte, der sich als Kanzlerkandidat Wahlen stellte und dann, mehrheitlich gewählt, auch tatsächlich Regierungschef wurde. Als er die absolute Mehrheit verlor, machte er Sinowatz zum Kanzler, der nicht als Kanzlerkandidat angetreten war und den daher auch kein Mensch zum Kanzler gewählt hatte. Als Sinowatz nicht mehr wollte, gab es keine Neuwahlen, sondern er machte einfach Vranitzky zum Kanzler. Und dieser sagte eines Tages: »Vickerl, Du bist dran!«, und Klima wurde Kanzler.

Das Parlament, wie gesagt, schien stärker und selbstbewußter zu werden, aber gleichzeitig wurde es Usus, die Regierungsgewalt wie in absolutistischen Monarchien einfach zu vererben. Welche Auswirkungen mag es auf das allgemeine Bewußtsein einer Bevölkerung haben, daß sie seit mittlerweile mehr als fünfzehn Jahren ihren Regierungschef nicht mehr wählen konnte? Oh doch, es hat natürlich Wahlen in diesen fünfzehn Jahren gegeben, aber bei keiner dieser Wahlen wurde ein neuer Kanzler gewählt, sondern immer nur der jeweilige Erbkanzler in seiner Funktion bestätigt. In den Medien hieß dies dann »Bestätigung des Kanzlerbonus«, was möglicherweise eine Umschreibung ist für »Bestätigung des Untertanenstaats«.

In einem *profil*-Interview anläßlich der bevorstehenden Wahlen im Oktober '99 wurde der amtierende Kanzler Viktor Klima gefragt, ob es nach dreißig Jahren sozialdemokratischer Regierung nicht bereits Ermüdungs- und Abnützungserscheinungen gebe – in Deutschland zum Beispiel habe die Union bereits nach siebzehn Jahren als »Langzeitregierung« gegolten und sei abgewählt worden. Gute Frage. Die Antwort: »Was für Ermüdungserscheinungen? Ich trete doch erst zum ersten Mal als Kanzlerkandidat an« – sagte der Kanzler.

Es ist ein irres System: Wer bei den nächsten Wahlen Klima wählt, bekommt möglicherweise Schlögl. Wer aber bundesweit für die FPÖ stimmt, bestätigt den Landeshauptmann von Kärnten.

## 7. Kleine Mentalitätsunterschiede
Oder: Oder

Dort, wo etwa bei einem österreichischen Käse auf der Verpakkung steht: »Rinde für den Genuß nicht geeignet«, steht bei einem entsprechenden deutschen Produkt: »Rinde nicht für den Verzehr geeignet«. Durchaus vorstellbar, daß man versucht, Ungenießbares zu verzehren – aber zu genießen?

Dort, wo in österreichischen Bussen das Schild angebracht ist: »Das Sprechen mit dem Fahrer während der Fahrt ist verboten!«, steht in brasilianischen Autobussen: »Bitte sprechen Sie mit dem Fahrer nach Möglichkeit nur dann, wenn er gerade nicht fährt!« Diesen Unterschied muß man nicht einmal interpretieren.

## 8. Die Umwortung aller Worte
Oder: Die Innenwelt der Außenwelt des Innenministeriums

Es gibt in Österreich Worte, die stehen in keinem Wörterbuch, auch nicht im österreichischen, und dennoch sind sie da, entstanden gleichsam aus dem Nichts, und sie entfalten ihre Wirkung, unhinterfragt, selbstverständlich, als gehörten sie zum Grundwortschatz des Österreichers. Manche dieser Wörter werden plötzlich geprägt und versickern wieder, andere rumoren nur in bestimmten gesellschaftlichen Bereichen und wieder andere machen von einem Tag auf den anderen im gesellschaftlichen Diskurs eine erstaunliche Karriere.

Zum Beispiel der Begriff »Schübling«.

Was ist ein »Schübling«? Klingt wie ein Ding, vielleicht auch wie ein Tier, ein Fisch vielleicht, wie der Saibling. Schlüpfrig, wendig. Geht er ins Netz? Beißt er an? Ist er genießbar oder verzehrbar?

Der »Schübling« ist kein Fisch, aber für manche Menschen ist er doch gleichsam ein Lebensmittel. Es gibt eine Fastfood-Kette mit dem Namen *Köstli*. Eine *Köstli*-Filiale befindet sich in der Karlsplatzpassage, wo sich die »Giftler« treffen. Man erhält dort allerlei Würste, belegte Brote, Pommes – und »Schüblinge«. Dieses nicht besonders mundgerechte, aber sehr billige Gericht ist bei der *Köstli*-Kundschaft äußerst beliebt. Der Mann hinter der Theke, gebürtig aus Bosnien, also ein Bosnier, der auch »Bosner« verkauft, erklärt: »Schüblinge immer gleich weg. Auch Polizisten von Wachstube do fressen am liebsten Schüblinge«.

Wieviele Menschen kannten die »Schüblinge« der *Köstli*-Kette? Aber eines Tages war der »Schübling« in aller Munde. Medial verbreitet von Innenminister Schlögel und seinen höchsten Beamten. Was da geschah, war nicht mehr bekömmlich. Und es hatte auch nichts mehr mit der Kette zu tun, sondern, ganz im Gegenteil, mit einem »bedauerlichen Einzelfall«, und »Schübling« war nur der Begriff für die Gesetzmäßigkeit solcher Einzelfälle. Es war schauerlich mitanzusehen, wie der Innenminister schlucken mußte, als er im Fernsehstudio nicht einen »Schübling«, sondern das Wort »Schübling« in den Mund nahm.

War das, worum es ging, nun ein Einzelfall oder nicht? Philologisch gesehen gewiß nicht: In einem TV-Interview prägte Schlögels Vor-Vorgänger Franz Löschnak einen neuen Begriff, dessen Geburt live zu übertragen schon alleine die *Zeit im Bild* als wahre Informationssendung legitimierte, auch wenn der Interviewer in der Folge diesen Begriff nicht mehr hinterfragte. Er waren einfach da. Plötzlich. Und wirkte. Er wird nie in einem Wörterbuch aufscheinen, aber er ist unvergeßlich. Löschnak sprach über die Notwendigkeit verstärkter Polizeipräsenz – damals bloß »im öffentlichen Raum«; der private wurde aber nicht vergessen, Lauschangriff und Rasterfahndung wurden damals auch schon vorbereitet.

Denn die Bürger fühlten sich »an bestimmten öffentlichen Orten, sprich Karlsplatz« unbeschützt und verunsichert wegen der sich dort versammelnden – und nun stutzte der Minister kurz und suchte das Wort. Dann sagte er: Wegen der sich dort versammelnden »Suchtgiftigen«.

Privat hätte Löschnak wahrscheinlich »Giftler« gesagt, aber vor laufenden Fernsehkameras? Zwar schoß ihm das Wort ein, und er

21

hatte es schon auf der Zunge, als er stutzte. Zu umgangssprachlich. Wie sagt man auf Hochdeutsch? Diese Menschen nehmen ja nicht einfach Gift, also Arsen zum Beispiel oder Rattenköder, nein, sie nehmen Suchtgift. Also sind sie, korrekt formuliert – »Sucht-giftige«. So ungefähr mag dieses Wort in einer halben Sekunde in des Ministers Kopf entstanden sein. Aber ist die Erklärung, daß ein nicht allzu eloquenter Politiker sich selbst hilflos ins Hochdeutsche zu übersetzen versuchte, nicht doch unterinterpretiert? Zeigt sich in dieser vordergründigen Tolpatschigkeit nicht doch auch ein bestimmter Geist, eine bestimmte Haltung, die das Gestammel des Innenministers viel eher noch unangenehm und bedrückend, als bloß lächerlich wirken lassen? Der Unterschied ist gerade in Österreich leicht zu zeigen: Nichteinmal die österreichischen Fußball-profis, die wohl größten Profis von Selbstübersetzungen in eine Art Hochdeutsch, haben jemals in Fernsehinterviews an etwas anderes denken lassen als an das, was sie sagen wollten, und nie als andere gewirkt als die, die sie waren – auch nicht wenn sie Fremd-wörter verwechselten und Begriffe neuprägten (zum Beispiel: »Wir haben uns gut aus der Atmosphäre gezogen« oder: »Man soll bitte dieses Problem nicht hochsterilisieren!«).

Löschnaks Fehlleistung aber ist mehr: Sie verriet geradezu karikaturhaft eine Absicht, mehr noch: seine fixe Idee, ja noch mehr: eine nicht nur für diesen einen Politiker, sondern für diese Art von Politiker in diesem Amt prototypische fixe Idee – näm-lich die banale, so peinigend primitive wie groteske Sucht, durch bürokratische Umformulierung der Realität sich selbst gegenüber der Verantwortung seines Tuns zu immunisieren. Löschnak hat nicht nur ein hochdeutsches Wort gesucht, er hat gleichzeitig auch ein möglichst bürokratisches Wort finden wollen. Deshalb war er so unter Streß. Er wollte zwei Fliegen mit einer Klappe schlagen. Und darum ist in dieser verdammt kurzen Zeit, die er hatte, diese groteske Wortprägung entstanden. Die bürokratische Sprache will entmenscht sein, damit der Bürokrat Mensch blei-ben kann. Ist das Leben aus der Sprache getilgt, hält sich der Sprecher für sachlich – und er stolpert nur noch über das »Live!«

Wie könnte man auf der Basis herkömmlicher Wörterbücher erklären, daß nicht »Drogenabhängige« Hilfe brauchen, sondern jene, die vielleicht einem Drogenabhängigen begegnen? »Suchtgiftige« allerdings wurden noch nie gesehen – aber sie sind ein sachlicher Grund für mehr Polizei. Oder: Wie könnte man auf der Basis des herkömmlichen Wortschatzes argumentieren, daß man zwar nicht die Verfolgten schützt, aber die Gesellschaft vor Verfolgten, die um Asyl ansuchen? Die buchstäblich ent-sprechende Sprache entsteht zufällig: als tolpatschige Prägung im Streß einer Fernsehaufnahme, als so zynisches wie lächerliches Wortspiel. (Wie oft haben Polizisten bei der Firma *Köstli* in »Schüblinge« gebissen und gelacht, bis plötzlich ein Schubhäftling tot war und sie reflexhaft *live* sagten, der »Schübling« habe gebissen?) Aber hinter diesen schauerlichen Lächerlichkeiten steckt ein verzweifelter Ernst, nämlich die hilflose Sucht nach Korrektheit – und zwar Korrektheit nicht *der* Sprache, sondern *durch* die Sprache: Wie kann man ein Täter oder ein Schreibtischmörder sein, wenn man bloß ein Wort neuprägt und dann die Gesellschaft vor diesem Wort schützt? *Diese* Sucht ist giftig.

Soviel zum Begriff »Schübling«.


## 9. Wenn die Bedeutung wandelt
## Oder: Der verschlungene Pfad der Pragmatiker

Wenn in Österreich eine Banalität Emphasen auslöst und geradezu zum neuen gesellschaftlichen Fetisch wird, dann muß diese Banalität zuvor einen profunden Bedeutungswandel erfahren haben. Denn nicht einmal in Österreich ist es vorstellbar, daß – sagen wir – der Satz »Die Erde ist rund« einfach zur intellektuellen Mode und zu einem neuen politischen Glaubensbekenntnis werden könnte, so allgegenwärtig wie der Wetterbericht, so verzückt in den Mund genommen wie eine Hostie und dabei so ekstatisch gefeiert wie ein Fußballsieg Österreichs gegen Deutschland oder die Faröer.

23

Wie also läßt sich erklären, daß der Satz, Politik müsse pragmatisch sein, zur neuen Medienreligion in Österreich werden konnte? Warum ist es für die Beliebtheitswerte eines Politikers so essentiell geworden, sich das Image eines Pragmatikers zu verschaffen? Anders gefragt: Wie ist in Österreich die merkwürdige Idee entstanden, daß Pragmatismus in der Politik eine seltene und daher besonders hochzuschätzende Eigenschaft sei? Welche neue Bedeutung also hat der Begriff Pragmatismus in den letzten Jahren in Österreich erhalten?

Die Fragen sind nicht zuletzt auch deshalb interessant, weil es kaum ein Begriff gibt, der im Lauf der Zeit so wenig Bedeutungswandel, höchstens kleine Bedeutungsmodifikationen erfahren hat wie der Begriff »Pragmatismus«. Pragmatismus (nach griech. *Pragma*, die Handlung) bedeutete seit der Steinzeit politischer Theorie oftmals nicht viel mehr aber auch nie weniger als *zielgerichtetes Handeln, das am praktischen Erfolg gemessen wird.* Im Lauf der Jahrhunderte kam es zu einigen Ergänzungen dieser simplen Definition, etwa in der Frühzeit der Aufklärung, die das Postulat formulierte, daß politischer Pragmatismus sich am Erfolg *nicht nur für den Handelnden selbst, sondern für die Menschen* erweisen müsse. Oder Ende des vorigen Jahrhunderts als der Pragmatismus als Wahrheitslehre definiert wurde: Jedes Problem bietet in der Regel mehrere Möglichkeiten, es zu lösen. Jene Entscheidung, die den ganzen Menschen im Auge hat und sich »bewährt«, hat also die »Wahrheit« eines Gedankens bestätigt.

Nun ist »Wahrheit« in der Politik natürlich nie ein eindeutiger Begriff, da unter der Voraussetzung gesellschaftlicher Interessengegensätze jede Interessengruppe ihre je eigene Wahrheit glaubhaft zu verbürgen sucht. Dennoch ist unmittelbar klar: Seit jeher war Pragmatismus ein völlig selbstverständlicher Anspruch politischen Handelns, selbst bei jenen Regierenden, deren Phlegma stärker als deren Pragma war. Und: Politischer Pragmatismus hat, in all seinen marginal voneinander abweichenden Definitionen, stets Folgendes beinhaltet: Erstens ein Ziel. Zweitens – Nein, nicht Ärmelaufkrempeln! Sondern – Nachdenken, wie dieses Ziel erreicht werden könne. Drittens die erforderlichen Handlungen, um dieses Ziel nach Möglichkeit zu erreichen. Viertens und grundlegend: dieses Ziel muß außerhalb der beschränkten eigenen Interessen liegen, zumindest die eigenen Interessen übersteigen – »für die Menschen«, meinetwegen »da draußen«. Das heißt, daß bloße Bereicherungssucht, bloßer Machterhalt, bloße Befriedigung von Eitelkeit, aber auch bloße Administration etc. nicht unter den Begriff politischer Pragmatismus subsumierbar sind. Dies alles ist so selbstverständlich, daß kein aufgeklärter Staatsmann oder Politiker der letzten zweihundert Jahre bekannt ist, der versucht hätte, seinen Pragmatismus ins Zentrum von Imagekampagnen zu stellen oder aber den Begriff Pragmatismus umzudefinieren.

In der zweiten Hälfte der achtziger Jahren wurde es allerdings in der österreichischen Sozialdemokratie Mode, Politik stereotyp nach dem Satz von Max Weber als »Bohren harter Bretter« zu bezeichnen und diese Metapher als wissenschaftlich beglaubigten Ausweis des eigenen Pragmatismus zu verkaufen. Nun sind Metaphern ja oftmals Glücksache. Aber als besonderes Glück darf es gelten, daß in der Regel ein Halbsatz angefügt wurde (und bis heute wird), der nicht von Max Weber, sondern angeblich von Heinz Fischer stammt. Dieser Halbsatz lautet: »Und zwar mit Augenmaß!« Nun ist das Augenmaß die so ziemlich ungenaueste Methode des Maßnehmens, seit es Zollstock und Wasserwaage gibt. Hat damals, als die Sozialdemokratie sich und ihr Politikverständnis neu definierte, das Verhängnis begonnen, weil das metaphorische Motto war: »So genau nehmen wir es nicht«? Oder liegt die Emphase für Pragmatismus, ohne eine seiner klassischen Bestimmungen zu erfüllen, schon im Surrealismus des aus dem Zusammenhang gerissenen Max-Weber-Zitats begründet? Wer braucht schon angebohrte harte Bretter? Muß man sich Dialoge am Ballhausplatz vorstellen wie austriazistische Varianten der Serie *Yes, Minister!*?

»Herr Bundeskanzler, das Pensionssystem kracht. Die Pensionisten sterben vor Angst. Was wollen Sie tun?«

Der Bundeskanzler krempelt die Ärmel hoch, lächelt in die Kameras.

»Ich gehe sofort an die Arbeit! Harte Bretter bohren!«

Die Reporter verlassen den Raum, eilen in die Redaktionen. Der Kanzler nimmt am Schreibtisch Platz, ruft einen Sekretär.

»Ja, Herr Bundeskanzler?«

»Geh schreib mir einen Brief an die Pensionisten. Daß sie mir keine Angst haben sollen ... Aber diesmal nichts mit die harten Bretter, die denken mir sonst gleich an einen Sarg, gell!«

Der Bedeutungswandel des politischen Pragmatismus in Österreich ist natürlich schrittweise passiert, aber die deutliche Zäsur war wieder einmal das Jahr 1986.

Als Kreisky 1970/71 Kanzler wurde, begann er klassisch pragmatisch seine Reformpolitik. Er hatte ein Ziel und er sah Wege und Möglichkeiten, es zu erreichen. Es wurden Dinge Wirklichkeit, die kurz zuvor noch als »nicht machbar« gegolten hatten. Er machte sie, und doch kann man wochenlang im Zeitungsarchiv der Nationalbibliothek sitzen und damalige Zeitungen nachblättern – nie wird man in politischen Kommentaren die Zuschreibung finden, er sei ein Macher gewesen. Er ging sehr pragmatisch vor, das heißt er unterwand sich den objektiven Bedingungen, ohne aber sein Ziel aus den Augen zu verlieren. Er fand Wege. Aber der Begriff Pragmatismus spielte in den Medien keine Rolle. Der Mann war Kanzler. Was als ein Pragmatiker hätte er sonst sein sollen? Ein Träumer? Ein Sonderling, der sich in eine politische Verantwortung wählen läßt, die er dann nicht wahrnehmen will? Natürlich gab es Kritik, aber ebenso natürlich nicht daran, daß er Pragmatiker war, Kritik gab es vielmehr an seinen gesellschaftspolitischen Zielen. Das heißt, seine Kritiker hätten lieber einen bürgerlichen oder aber revolutionäreren Pragmatiker an seiner Stelle gesehen – »Pragmatiker« selbst war so selbstverständlich, daß es keinen Kommentar wert war.

Kreisky hatte die absolute Mehrheit. Aber das war nicht der Grund für seine politischen, also pragmatischen Erfolge. Denn die Regierung Kreisky hatte eine Nebenregierung: die Sozialpartnerschaft. Es wäre für einen heutigen Kanzler, auch ohne absolute Mehrheit, aber angesichts der schweren Krise der Sozialpartnerschaft, geradezu einfacher, ein erfolgreicher pragmatischer Reformer und Innovator zu sein, als für Kreisky mit seiner absoluten Mehrheit.

Nein, es sind nicht die klaren Mehrheitsverhältnisse, die einem Politiker das Machen ermöglichen, während ein Politiker mit bloß relativer Mehrheit und einem Koalitionspartner als Klotz am Bein nur noch versuchen kann, sich von verbündeten Medien zumindest das »Image des Machers« machen zu lassen – auch dies läßt sich am Beispiel Kreisky zeigen. Kreisky hatte lange regiert, und wie das in Demokratien so ist: lange heißt immer zu lange. Er hatte noch immer die absolute Mehrheit. Was hätte er, wenn es nur darum als Voraussetzung ginge, noch alles durchsetzen können. Aber er war zu müde, alt, ausgebrannt, krank, was auch immer. Es begann die Phase der berühmten »Reformen, die nichts kosten« – von denen heute niemand, absolut niemand mehr weiß, was da genau und wie reformiert wurde. Und Kreisky verlor die absolute Mehrheit.

Damals begann die bis heute anhaltende Zeit der ungewählten Kanzler Österreichs. Und genau in dieser Zeit vollzog sich Schritt für Schritt der Bedeutungswandel des Begriffs Pragmatismus im österreichischen Bewußtsein, bis er so ziemlich genau das Gegenteil dessen bedeutete, was man herkömmlich darunter versteht.

Hatte Kreisky noch ein Parteiprogramm, so war das Programm seines Nachfolgers Sinowatz nur noch die Partei. Nicht daß Parteiprogramme grundsätzlich heilige Schriften wären, deren Verschwinden oder auch bloß deren Absinken in die Bedeutungslosigkeit zum Untergang der Zivilisation führen müssen. Der Tod Gottes war sicherlich einschneidender für die Welt als der Tod der politischen Programmatik in Österreich. Ein Parteiprogramm ist im Grunde etwas Simples: Ein kleiner Katalog vorformulierter politischer Ziele, denen jeweils kurze gesellschaftsanalytische Präambeln der Art vorangestellt werden, daß sie diese Ziele irgendwie legitimieren. Aber solch ein Parteiprogramm, zumal das einer Reformpartei, zwingt wegen des großen freien Raums zwischen beschriebener Situation und den angepeilten Zielen einen Politiker grundsätzlich zu pragmatischem Handeln: Wie komme ich dorthin? Wie sind die Kräfteverhältnisse? Wie kann ich sie ändern?

Mit Fred Sinowatz hatte Österreich den ersten, noch dazu sozialdemokratischen Kanzler, der kein Parteiprogramm mehr brauchte. Dem das Logo der Partei genügte. Es ist aus der Zeit von Fred Sinowatz nichts bekannt, das er *gewollt* hätte, daß er *zu erreichen, durchzusetzen* versprach. Nur dies: Die Partei, die ihm alles war, zu retten. Und das rettende Ufer war genau dort, wo die Partei sich schon längst befand: an der Macht. Er war, genau besehen, der erste Sozialdemokrat, der das reformistische Parteiprogramm durch ein radikal konservatives ersetze: Das zu wollen, was war.

Sinowatz wird immer wieder als eine tragische Figur beschrieben. Das war er auch – aber nicht, weil er »glücklos« und »überfordert« war, wie es immer wieder hieß, sondern im Gegenteil: weil er erfolgreich war. Weil er gegen seine sozialdemokratische Sozialisation, gegen seine sozialdemokratische Identität, sich auf einem vermeintlichen Kreuzungspunkt befindend, entschied: Die Sozialdemokratie zu zerstören – um sie zu retten.

In den langen Jahren der SPÖ-Regierung hatte sich die Schere zwischen den Interessen des Apparats und den Vorgaben des Programms weit geöffnet. Sinowatz erkannte, daß er, auch wenn er das Programm noch so glaubwürdig zu vertreten versuchen würde, die Mehrheit und womöglich den Regierungsanspruch der Partei nicht halten konnte. Also übergab er das Kanzleramt an Franz Vranitzky, dem genau dies zugetraut wurde.

Wenn Kreisky ein Parteiprogramm hatte, und wenn für Sinowatz das Programm noch die Partei war, so befreite sich Vranitzky programmatisch auch noch von der Partei. Er war der erste Spitzenpolitiker einer Partei in Österreich, der sein Konterfei ohne Parteilogo affichieren ließ. War »Franz« damals in der Werbung ein Synonym für neue Schuhe, so auch »Vranz« in der Politwerbung: die ausgelatschten konnten ausgezogen werden, der lange Weg, den mitzugehen Kreisky eingeladen hatte, war zu Ende. Vranitzky, der das Parteilogo nicht mehr brauchte, wechselte es daher gegen ein neues: Aus der SPÖ (Sozialistische Partei Österreichs) wurde die SPÖ (Sozialdemokratische Partei Österreichs). Wenn auch vergessen ist, worin Kreiskys »Reformen, die nichts kosten«, bestanden – dies wird von Vranitzky in Erinnerung bleiben: Es zeigt ihn und seine Politik in nuce; er produzierte eine Zäsur, die zugleich als Kontinuität erschien, eine Innovation, die zugleich eine unscheinbare Nachadjustierung war, er änderte mit radikaler Konsequenz die Perspektive um 360 Grad – das hieß: man konnte einfach stehenbleiben.

Diese Politik war signifikant für Vranitzkys gesamte Administration. Von seinem damaligen Verkehrsminister, zum Beispiel, ist kein Verkehrskonzept in Erinnerung, nur dies: Er änderte die Farbe der Nummerntafeln der österreichischen Autos von schwarzweiß auf weißschwarz.

Die Zäsur aber war, wie gesagt, neunzehnhundertsechsundachtzig. Die Wahlkampagne und schließlich der Wahlsieg Kurt Waldheims führten, wenn man die damaligen Zeitungen nachliest, nachweisbar zur ersten großen Emphase der »Macherqualitäten« Vranitzkys und zur ersten Fundierung einer Neudefinition des Begriffs Pragmatiker. Die Frohbotschaft lautete: Vranitzky *macht* es besser. Was? Das Repräsentieren. Da war der einsame Präsident in der Hofburg, dem niemand die Hand geben wollte, und vis-à-vis der Kanzler, der Hände schüttelte. Widerwillig und steif zwar, aber das war *sein* Widerwillen, nicht der der anderen. Man gab ihm die Hand. Vranitzky war als Kanzler zugleich der eigentliche Präsident, und als eigentlicher Präsident wurde der Kanzler zum bloßen Repräsentanten. Er machte, was zuvor Aufgabe und Funktion eines Kirschläger war, und wurde dafür als Macher gefeiert.

Durch diese Anithese von Ballhausplatz und Ballhausplatz, durch diese Identität von Präsidentschaftskanzlei und Kanzleramt wurde Vranitzky von Teilen des häßlichen Österreich zum guten Pragmatiker promoviert, und vom guten Österreich sowieso. Aussagen wie die, daß einzelne Österreicher sich in der Geschichte schuldig gemacht haben, Österreich selbst aber habe es damals gar nicht gegeben, wurde gefeiert in einem Land, das gerade Waldheim gewählt hatte und nun, ein halbes Jahrhundert nach der österreichischen »Opfer-Theorie«, gezwungen war, eine neue Formel zu finden, mit der es Schuld eingestehen und dennoch unschuldig bleiben konnte. Es herrschte eine Emphase, eine Dankbarkeit gegenüber Vranitzkys »Gut gemacht«, die jenen wenigen Österreichern völlig surreal erscheinen mußte, deren Kurzzeitgedächtnis noch intakt war: Denn bekanntlich wurde noch der Antifaschismus von Vranitzkys Vorgänger Sinowatz so geprügelt, daß dieser, ausgebildeter Historiker und überzeugter Sozialist, am Ende sogar leugnete, auch nur die Frage nach Waldheims Vergangenheit gestellt zu haben. So wurde Sinowatz, statt einen Orden für seine historische Neugier zu bekommen, unter lautstarken »Gib ihm!«-Rufen rechtskräftig verurteilt, während Vranitzky dafür gefeiert wurde, daß er durch seine bloße repräsentative Existenz auszubalancieren schien, was diese Wir-wählen-wen-wir-wollen-Wähler eben angerichtet hatten.

Mir ist nicht bekannt, ob Vranitzky, der heute von Aufsichtsrat zu Aufsichtsrat zieht und sich dafür in den Medien einmal mehr als »Vermittler« feiern läßt, auch im Aufsichtsrat einer jener Banken sitzt, die heute von NS-Opfern mit Wiedergutmachungs- und Entschädigungsklagen eingedeckt werden. Was sagt, was denkt er in einer solchen Aufsichtsratsitzung? Er, der sich dafür feiern ließ, weil er im Parlament die »offenen Worte« fand: es gibt keine Haftung, weil es den Staat ja nicht gab. Was sagt er zu den Worten jenes US-amerikanischen Anwalts, der NS-Opfer vertritt und gegenüber der *New York Times* sagte: »Ich habe in meinem Job wenig zu lachen. Aber das war ein highlight. Können Sie sich einen Deutschen vorstellen, der sagt: Unter Hitler hat es keine Bundesrepublik gegeben.«

Vranitzky war ein defensiver Politiker, ein Libero, dafür freigestellt, die Abwehr zu organisieren und eine noch größere Schlappe zu verhindern. Offensive war seine Sache nicht. Er hatte keinen Zug auf ein »Goal«, suchte keine Wege. Wenn Vranitzky irgendetwas mit dem Begriff Pragmatiker im klassischen Sinn zu tun hatte, dann höchstens dies: Er war ein Standbild des Pragmatikers. Wenn er einen Weg ging wie den in die EU, dann deshalb, weil der Weg ihn trug wie ein Förderband, während er die beiden Thesen abwog: Entweder »Alle Wege führen dorthin« oder »Kein Weg führt daran vorbei«.

Noch jeder Pragmatiker hat in Alternativen gedacht. Das ist die Voraussetzung dafür, etwas erreichen, etwas verändern zu können. Vranitzky nicht. Er machte keine Änderungen, Änderungen machte er mit – als Bewahrer. Und Denken in Alternativen erschien ihm geradezu als eine Art von Delirium: Der Gedanke an etwas, das es nicht gibt, das nicht schon da ist, sich bewährt hat, der Bewahrung wert ist, galt ihm als Krankheitssymptom.

Wie mißtrauisch, ja wie abgeneigt Vranitzky gegenüber jeder Veränderung war, konnte man Ende 1989 wie unter einem Mikroskop studieren. Er war wahrscheinlich der einzige Nicht-Kommunist in einem westlichen demokratischen Land, der auf die Implosion der stalinistischen Länder nicht mit Euphorie, sondern mit Irritation reagierte. Gorbatschow hatte Honecker besucht und ausgerufen: »Wer zu spät kommt, den bestraft das Leben!« Später kam Vranitzky und besuchte Egon Krenz, um österreichische Interessen in der DDR zu wahren. Als Vranitzky im Flugzeug zurück nach Wien saß, gab es keinen Krenz mehr, und bald darauf auf keine DDR. Als das Militär gegen Gorbatschow putschte, schickte Vranitzky ein Telegramm an die Putschisten. Endlich wieder normale, altgewohnte Verhältnisse: Stalinistische Hardliner an der Macht in der Sowjetunion – Dank und diplomatische Anerkennung! Nicht weil Vranitzky Sympathisant der Stalinisten war, sondern weil das die Welt war, die er kannte. Als das Telegramm zugestellt wurde, war der Putschversuch bereits wieder niedergeschlagen.

Diese radikale Transformation Europas kam Vranitzky höchst ungelegen – für einen wirklichen Pragmatiker wären sie ein Fest gewesen. Die Chance, dieses vom Libero in gestaffelt organisierter Abwehr verharrende Land geopolitisch neu und vernünftiger zu positionieren, wurde vertan. Erhard Busek, der Vizekanzler und in dieser Frage der profundeste Widerpart Vranitzkys, wurde als »Intellektueller« geoutet und mußte schließlich zurücktreten. Und wie radikal abgeneigt Vranitzky gegenüber jedem Denken in Alternativen und Widersprüchen war, läßt sich ebenso paradigmatisch an seinem Verhältnis zu Jörg Haider beschreiben. Vranitzky, Kind aus einer kommunistischen Arbeiterfamilie, das sich zum seriösen Staatsbanker hochgearbeitet hat, mußte Haider, der seine ökonomische Unabhängigkeit einem Millionenerbe verdankt, für einen Parvenü halten. Der Gegensatz hätte nicht größer sein können: Auf der einen Seite der Kanzler, der, mit dem Dienstwagen vorfahrend, Sprache durch Vorlagen für Exegese-Versuche ersetzte und sogar Körpersprache nahtlos substituierte durch die dezent-beredte Sprache seiner Kleidung: die Gefahr der Entgrenzung gebannt durch die steif zugeknöpfte Anzugweste, der Körper festgepinnt durch Nadelstreif. Auf der anderen Seite der Porsche-Liebhaber mit den Designerklamotten und dem allzu lockeren Mundwerk, dem noch das Unbedachteste und Schockierendste, das keiner Interpretation bedarf, bei seiner Klientel nicht schadet.

Der Mann, der an die Macht gespült wurde und vor jeder Veränderung erstarrt, und der Mann, der die Macht sucht, um auf Gedeih und Verderb zu verändern. Auf der einen Seite der Mann, der das Stille liebte, die Balance, das starr Austarierte, das irgendeinem Buchstaben folgte und stummen Respekt gebot, der also wie geschaffen gewesen wäre für das Richteramt. Auf der anderen Seite der Mann, der den Jubel wollte, Emphasen suchte, dem Buchstabentreue egal war, wenn eine Kombination von Buchstaben Gelächter, Geschrei und Emotionen hervorrufen könne – »Hai!« sollten die Menschen schreien und die Arme hochreißen, »Der!«

Wie groß man auch immer die Gefahr einschätzen mag, die Haider für diese Republik darstellte und darstellt – eine vernünftige Auseinandersetzung mit dieser Frage war in der Regierungszeit Vranitzkys nicht möglich. Ein Mann, der aufgewachsen ist und sozialisiert wurde und seine Karriere machte in einer Zeit, in der es keinen Widerspruch gab, keine Opposition, keinen Nein-

Sager – zumindest keinen, aus dem etwas geworden wäre –, sah sich plötzlich in der Situation, der erste österreichische Kanzler zu sein, der mit Widerspruch und Opposition konfrontiert war und mit einem Nein-Sager, der Erfolge hatte.

Ein Politiker, der in Alternativen denken kann, ein Macher, der sieht, daß die Kritik an bestimmten Phänomenen Erfolg hat, ein Pragmatiker, der ein Ziel vor Augen hat und sich bloß deshalb die Existenz konkurrierender Zielvorstellungen selbstverständlich vorstellen kann, hätte auf mannigfache Weise auf die Herausforderung Haider reagieren können – aber gewiß nicht so, wie Vranitzky es tat.

Vranitzky wollte nichts und ganz besonders nicht wollte er Haider. Ohne Vranitzkys Antifaschismus in Abrede stellen zu wollen, aber hier geht es nicht um Faschismustheorien: Jörg Haider kritisierte heftig, was auch von der Linken in Österreich immer wieder ebenso heftig kritisiert worden war. Aber Vranitzkys Irritation gegenüber Widerspruch und seine spontane Reaktion, die schließlich zu einer strategischen Theorie ausformuliert wurde, nämlich auf Haider nicht zu reagieren, ihn »auszugrenzen«, führte dazu, daß selbst kritische Geister in Österreich verteidigten, was Haider kritisiert hatte, nur weil Haider es war, der es kritisiert hatte. Jeder Politiker, der in Alternativen denken kann, weiß, daß alles, zumal in der Politik, kritisiert werden kann. Die Frage oder das Problem ist also nicht, *daß* etwas kritisiert wird, sondern welche Konsequenzen aus dieser Kritik gezogen, welche Perspektiven auf Grund dieser Kritik angeboten werden. In funktionierenden Demokratien unterscheiden sich die Parteien eben dadurch: durch die Unterschiede der Vorschläge gegenüber kritikwürdigen Umständen. Doch in Österreich gab es durch Vranitzkys Politikverständnis plötzlich keine Alternativen mehr. Was Haider kritisierte, war durch Vranitzkys »Ausgrenzungspolitik«, also der Politik der Ausgrenzung jeglichen Widerspruchs, sofort tabu – nur weil Haider es kritisiert hatte. Es kam, wie es kommen mußte: Am Ende war alles tabu. Eine beachtliche Leistung für einen Mann mit dem Ruf, ein Pragmatiker, ein Gestalter zu sein.

Vranitzky versus Haider, das war, post festum betrachtet, eine interessante Zeit: Ausgerechnet der in der österreichen Politgeschichte radikalste Harmoniesüchtige wurde zur Antithese der Antithese, zum Widerspruch des Widerspruchs, ausgerechnet der fanatische Ja-Sager konnte nur durch ein stures Nein die Antithese scheinbar aufheben, den Widerspruch scheinbar ausgrenzen und dadurch ein Ja erhalten, das nicht ihm galt und nicht der Partei galt und nicht dem Land galt – während aber alle dieses Ja für sich beanspruchten.

Vranitzky schien in seiner Antithese zu Haider diesem ähnlicher, als er glaubte. So wie dieser war auch er nicht festzumachen, nicht wirklich zu definieren. Der aus einer Kommunistenfamilie stammende Vranitzky, der aus einer Nazi-Familie stammende Haider, zwei Abtrünnige, zwei, die Brüche erlebt haben – der eine will keinen Bruch mehr und stolpert uunterbrochen in weltgeschichtliche Bruchstellen, der andere sucht immerfort Brüche und prallt ununterbrochen an Harmoniekonzepte – das wäre eine Geschichte für Freud oder Spielberg.

War Vranitzky, lange vor Gerhard Schröder »Genosse der Bosse«, einfach ein moderner sozialdemokratischer Kanzler? Oder war er ein konservativer Kanzler, der zufällig die falsche Partei hatte? War er, der ehemalige Sekretär von Androsch, Androschs Rache an Kreisky und seinem Erben Sinowatz? Oder war er einfach der Autor einer neuen Theorie des Pragmatismus? – zusammengefaßt in seinem Satz: »So wie es ist, kann man, pragmatisch gesehen, nichts machen!«

Was auch immer. Der sozialdemokratische Kanzler Vranitzky, dem das Wort »Sozialpolitik« nie so glaubwürdig über die Lippen kam wie das Wort »charity«, gab das Zepter an Viktor Klima weiter – und ist heute Aufsichtsratmitglied in jenem Konzern, der, entgegen der österreichischen Gesetzeslage und entgegen aller klassischen sozialdemokratischen Errungenschaften keine Betriebsratswahlen erlaubt und all jene sofort entläßt, die für einen Betriebsrat eintreten. Schlimm genug, daß das Sein das Bewußtsein bestimmt, aber im Fall Vranitzky ist so besonders erschütternd mitanzusehen, wie das Sein-Wollen sich durch das von ihm gewollte Sein entlarvt.

Der Schritt von Vranitzky zu Klima war ein zwiespältiger Fortschritt. Vranitzky hatte den Medien viel zu verdanken: Sie hatten ihm das Image eines »Pragmatikers« verschafft und diesen Begriff zugleich positiv besetzt, was vielleicht Vranitzkys Selbstverständnis entsprach, aber nicht dem herkömmlichen Verständnis dieses Begriffs. Nichts von Vranitzkys Image findet Verbürgung in der Wirklichkeit. So gesehen war er die erste radikal virtuelle Figur in der österreichischen Politik und vielleicht deshalb ein Darling der Medien – ein Kanzler nach ihrem Ebenbild. Zugleich aber konnte Vranitzky, weil wirklich einverstanden mit seinem medialen Abbild, ein konservatives Verhältnis zu den Medien pflegen: Vranitzky hat die Medien nie »bedient«, sich nie von ihnen abhängig gemacht. Er gab, wen es sein mußte, Auskunft, und auch wenn er es wirklich so empfand, es wirkte wie designed im Sinn eines virtuellen Anforderungsprofils: Der Kanzler gibt Auskunft – eine Pflicht, der ein Mann in seinem Amt sich unterwinden muß!

Als eine Zeitschrift auf dem Cover eine Vranitzky-Fotomontage brachte, war der Kanzler entsetzt: Das war er nicht wirklich!

Niemand hätte das geglaubt, aber der erste virtuelle Kanzler der Republik wollte *richtig*stellen und klagte. Er hielt für wirklich, was er schien, und wollte daher nicht scheinen, was er war. Der Fortschritt von Vranitzky zu Klima war nur ein kleiner Gedankenschritt: Viktor Klima, ein ausgebildeter Informatiker, hatte Vranitzky mit seiner Real-Virtuell-Dialektik besser verstanden, als dieser sich selbst. Er verstand dessen Erfolg und dessen Dilemma. Und er beschloß offenbar, bewußt zu machen, nein, nicht bewußt zu machen – dies höchstens irrtümlich –, sondern bewußt zu tun, was diesem bloß glücklich widerfahren war.

Vranitzky war allerhöchstens aus seiner Erstarrung kurz erwacht, um aktiv stillzuhalten, weil Kameras auftauchten, Klima aber hält sich flexibel für die Kameras bereit und erstarrt, wenn sie fehlen. Hatte Vranitzky noch wegen einer Fotomontage geklagt, so eilt

Klima in die Fotostudios von Boulevardzeitschriften und läßt sich geduldig in Posen fotografieren, die wie Fotomontagen wirken. Erschien die Realität, die Vranitzky repräsentierte, und auch die Realität seiner Person wie in einem Vexierbild zugleich auch virtuell, so ist die Virtualität, die Klima produziert, die letzte politische Realität Österreichs.

An diesem Punkt hat sich etwas vollendet, das in dieser Form zwar neu, strukturell aber aus der Geschichte bekannt ist – und bei allen bekannten historischen Beispielen zu mehr oder weniger großen Katastrophen geführt hat: eine politische Administration, die keine Alternativen sehen oder denken oder auch nur seriös zulassen kann; die sich völlig dem Zeitgeist ergibt; die kein Ziel mehr formulieren kann als das Beharren auf dem ewig Versprochenen und nie Eingelösten – und selbst dies nur in leerer Rhetorik; und die, wenn sie sich in einem dynamischen Prozeß ertappt, den sie zwar nicht unbedingt wollte, aber doch mitverschuldete, diesen Weg unerbittlich bereit ist, zu Ende zu gehen – statt zu versuchen, einen anderen gangbaren Weg zu finden. All dies hat Barbara Tuchman, in völliger Unkenntnis Österreichs, anhand einiger historischer Beispiele in einem Buch beschrieben mit dem Titel »Die Torheit der Regierenden«.

## 10. »Neue politische Signale für die Menschen« Oder: Was ist ein »Quereinsteiger«?

Definition: Learning by earning.

## 11. Menschliche Signale für eine neue Politik Oder: Wo, bitte, ist das »gute Österreich«?

Josef Haslingers *Politik der Gefühle* war ein Meilenstein in der intellektuellen Auseinandersetzung mit dieser Republik. Dieses Buch brachte auf den Punkt, wie in diesem Land Politik gemacht wurde und womit sich kein denkendes Gemüt anfreunden konnte. Ja, kein denkendes *Gemüt*, denn es ist ja nicht so, daß die kritische Intelligenz gefühllos wäre – es waren und es sind durchaus auch Gefühle, die hochkommen, wenn man beobachten muß, wie die Mobilisierung eines verquasten kollektiven Gefühlshaushalts systematisch dazu verwendet wird, einer im besten Fall hilflos sachzwänglerischen Politik die nötige Legitimation zu verschaffen. Aber der Anspruch derer, die Haslingers Buch hochhielten, war es doch, dieser Art von Politik Rationalität, Analytik, Vernunft entgegenzuhalten. So schien es zumindest – bis österreichische Intellektuelle Gertraud Knoll als Personifiktion ihrer Sehnsucht und als politische Alternative entdeckten.

Grundsätzlich gegen eine Politik der Gefühle, solange es nur Politiker gab, deren Politik der Gefühle ihr Denken beleidigte und deren Denken ihre Gefühle in Aufruhr brachte, erlebten sie plötzlich ebendiese ewig kritisierte Politik der Gefühle als politische Innovation, als gangbare Alternative zu traditioneller Politik, als Erlösungsversprechen. Unerbittlich, wenn für politische Ziele, die ihnen suspekt waren, Stimmung gemacht wurde, wurden sie plötzlich zu den allerüberzeugtesten Anhängern der Politik der Gefühle, nur weil sie eine Kandidatin fanden, die ihnen zu versprechen schien: Ich will mich *Eurer* Gefühle annehmen, eine *Euch* angenehme Stimmung machen ...

Und seltsam: Gertraud Knolls Metaphorik – von der *Wärme in der Politik* bis zu den *Brücken über Gräben, die nicht aufgerissen werden dürfen* – erinnerte frappant an die Kirchschlägers, der als Bundespräsident nicht so sehr Staatsnotar oder Ersatzmonarch, als vielmehr der Hohepriester Österreichs war. Kirchschläger hatte in seiner Glanzzeit rund 70% Zustimmung. Allerdings könnte niemand behaupten, daß er mit seiner verblasenen Metaphorik jemals als Repräsentant auch des damals zwar kleinen, aber sich doch engagiert formierenden *anderen* Österreich anerkannt worden wäre – als Gallionsfigur selbst des progressiven, aufgeklärten, kritischen Teils der österreichischen Gesellschaft.

Wenn über den Ton, den die »Klavierstimmerin« Knoll also in

die Politik einbrachte, immer wieder gesagt wurde, daß er neu sei, dann zeigte dies eine erstaunliche historische Erinnerungslücke. Neu war bloß die Rezeption, die dieser Ton in Österreich erfuhr. Er bekam nun Zustimmung und Unterstützung just von dort, wo die Kritik daran bereits ein Gemeinplatz zu sein schien.

Ich habe eine Tante, die, von den Nazis nach England vertrieben, heute noch, wenn ich bei ihr auf Feinheiten der österreichischen Innenpolitik zu sprechen komme, stereotyp abwehrt und sagt: »I couldn't care less!« Erst als ich die Erfahrung machen mußte, in einem sozialen Biotop zu leben, in dem alle aufgeklärten Standards von einer Minute auf die andere vergessen werden können, nur weil eine Blüte dieses Biotops messianisch verspricht, bei Identität der Phrasen eine Differenz der Haltung zu repräsentieren – erst da also begann ich, dieser Tante zuzustimmen. Denn mit ihrem Satz sagt sie nichts anderes als: Ich bin kein Feind meines Wohlbefindens. – Und diesen Satz werden die neuen Gefühlspolitiker vielleicht verstehen, auch wenn ich daran zweifle, daß sie dessen Geschichtsgesättigtheit begreifen können ...

Die Trennung von Kirchen und Staat steht noch immer nicht in der österreichischen Verfassung. Aber statt darauf zu drängen, die österreichische Verfassungsruine zu renovieren, reformiert das aufgeklärte Österreich die Aufklärung.

*Kirchliche* – und nicht nur katholische – Würdenträger sollen keine politischen Ämter einnehmen können: das ist zu Recht ein zentraler Bestandteil des Kanons der europäischen Aufklärung. Hat es eines Beweises bedurft, daß die Aufklärung Österreich nur gestreift hat?


## 12. Die letzte Zäsur
## Oder: Nicht Schluß, aber Ende

Die Nationalratswahlen im Oktober '99 stellen die letzte große Zäsur der Zweiten Republik dar, denn ohne Zweifel wird danach alles anders sein – selbst dann, wenn es bleibt, wie es ist.

Alle Zeichen stehen auf stur. Das ist das historisch qualitativ Neue der Zweiten Republik, zugleich das Signal für ihr Ende.

Die letzte Kärntner Landtagswahl – Testwahl ja oder nein? – hat ein Phänomen produziert, hinter das die Republik insgesamt nicht mehr zurück kann. Es muß als radikalste Innovation in der Geschichte westlicher Demokratien bezeichnet werden, und nicht genug damit, war die Konsequenz daraus die radikalste Innovation in der gesamten Weltgeschichte der Konsequenzen: herkömmlich nämlich werden – und zwar sowohl in Österreich als auch in der Welt – vor einer Wahl alle möglichen Versprechen gemacht, lanciert, in die Schlacht geworfen. Dieses klassische System des wechselseitigen Überbietens wurde in Kärnten erstmalig aufgehoben: Die beiden Parteien, die bundesweit regieren, reduzierten ihre Wahlwerbung auf ein einziges, auf eine radikal singuläres Versprechen: »Wenn wir auch in diesem Bundesland die Mehrheit erhalten, dann wird es keinen Landeshauptmann Haider geben!« Es war gespenstisch. Vorwahlzeit – und man konnte Kärnten auf- und abwandern, und nirgends ein Versprechen, nirgendwo eine Phrase, die irgendwie irgendwas für die Zukunft versprach. Nur dies, dieses eine, dieses einzige, dieses singuläre, dieses einzigartige, dieses noch nie dagewesene Wahlversprechen: »Was nicht ist, soll auch nicht werden!« Was immer auch sein wird, wir versprechen ausschließlich dies: Eines wird garantiert nicht sein – erhalten wir die Mehrheit, gibt es keinen Landeshauptmann Haider.

Bekanntlich passierten zwei Dinge. Erstens: die Regierungskoalition erhielt in Kärnten die absolute Mehrheit. Zweitens: zwei Wochen später war Haider Landeshauptmann von Kärnten.

Nun die Nationalratswahl: Noch nie seit einem Vierteljahrhundert haben die beiden Koalitionsparteien dermaßen konsequent und radikal vor einer Wahl die Botschaft verbreitet, daß sie nicht mehr miteinander wollen und können. Daß eine Änderung der Regierungsform notwendig, ja überfällig sei. Nichts haben sie programmatisch noch zu versprechen – nur dies: den Widerspruch zum anderen. Viktor Klima hält sich »die Möglichkeit einer Minderheitsregierung«, Schüssel »alle anderen Möglichkeiten« offen.

Sie sind so demonstrativ geteilter Meinung, daß tatsächlich fast in Vergessenheit gerät, daß geteilter Meinung sein in Österreich immer bedeutete, die Meinung des anderen geteilt zu haben.

»Die Neutralität ist obsolet geworden, was nicht heißt, daß wir sie abschaffen müssen!« versus »Wir verteidigen die Neutralität, was nicht heißt, daß wir sie nicht auch als obsolet behandeln können!« Es sind unglaubliche Antithesen, es wird dieses Land zerreißen – durch Kontinuität.

## 13. Schluß
## Oder: Kein Ende

Ende der Zwanziger Jahre gab es, einer damaligen Mode entsprechend, in den Zeitungen immer wieder Umfragen unter Intellektuellen und Künstlern zu allen möglichen Themen, so wie heute bei *News*, dem »Magazin der Neunziger Jahre«. Von der *Frankfurter Allgemeine Zeitung* wurden damals Statements eingeholt zu der Frage: »Was soll dereinst auf Ihrem Grabstein stehen?«

Die beiden Antworten, die mir am besten gefallen, sind die von Bert Brecht und Karl Kraus, nicht zuletzt auch wegen des Mentalitätsunterschiedes, der in diesen Antworten deutlich wird:

Brecht: »Auf meinem Grabstein soll stehen: Ich habe Vorschläge gemacht. Ihr habt sie angenommen. – Dadurch wären wir alle geehrt.«

Kraus: »Auf meinem Grabstein soll stehen: Hier liegt Karl Kraus noch immer nicht!«

Ich mache den Vorschlag, diese Regierung endlich abzuwählen.

Ihr nehmt diesen Vorschlag nicht an.

Damit kann ich leben.

# Masse, Medium und Macht

Am 15. Juli 1927 brannte infolge spontaner Massendemonstrationen der Wiener Justizpalast. Dies war eines jener historischen Ereignisse, in denen sich lange und komplexe Entwicklungen an einem determinierten Ort plötzlich bündeln und gleichzeitig brechen, in radikal erregenden Bildern, die weit über diesen Ort hinausstrahlen. Der Wiener Justizpalastbrand hatte weitreichende Folgen, auch literarische. Die beiden bedeutendsten Versuche, diesem Ereignis beziehungsweise der Bedeutung dieses Ereignisses literarische Gestalt zu geben, erschienen erst rund dreißig Jahre später: Heimito von Doderers Roman *Die Dämonen* 1956, und Elias Canettis literarische Studie *Masse und Macht* 1960. Canetti versteckte in seiner Massentheorie vollständig sein Initialerlebnis, den Justizpalastbrand, den er in keiner Zeile beschrieb oder zumindest erwähnte. Doderer hingegen versteckte in seiner höchst genauen Beschreibung des Justizpalastbrands eine komplette Massentheorie, ohne sie auch nur in einem einzigen Satz explizit theoretisch oder essayistisch zu formulieren.

Um die Plausibilität und Hellsichtigkeit von Doderers Massentheorie, die in seinem *Dämonen*-Roman steckt, besser vorführen zu können, möchte ich zunächst berichten, daß ich unlängst in einer Diskothek war. Es war ein Zufall, der mich in dieses Lokal geführt hatte. Ich befand mich in einer fremden Stadt, wollte nachts noch etwas trinken, und da ich zu Fuß in der Umgebung des Hotels kein offenes Lokal fand, hielt ich schließlich ein Taxi an, das mich vor dieser Diskothek absetzte. Was macht ein Mann mittleren Alters an einem Ort, der von zahllosen Teenagern frequentiert wird? Schauen. Ich empfand Distanz, vielleicht eine ironische Gestimmtheit, und schließlich soetwas wie voyeuristische Neugier.

In seinem Tagebuch schrieb Doderer übrigens, daß es »in der Kunst auf so weniges wirklich an(kommt): die Findung unterleuchteter Hohlräume, unbekannte Säle und Zimmer mitten im Bergwerksgekrabbel des Lebens«. In dieser Diskothek hatte ich beides: das Gekrabbel und den unterleuchteten Hohlraum, einen unbekannten, mir gänzlich unvertrauten Saal. In dem großen Saal mit der Tanzfläche befand sich eine Galerie, von der aus man auf die Tanzenden hinunterblicken konnte. Ich muß wohl nicht erklären, warum ich mich sofort auf diese Galerie begab.

Von dieser erhöhten Position aus erschien die Masse der Tanzenden zunächst gesichtslos, ein dichtgewebtes Gebilde, das ein Ganzes ergab, das ununterbrochen in Bewegung war. Auffällig war, daß dieses Ganze sich aus weitgehend synchronen Bewegungen der Teile zusammensetzte, etwa durch ein plötzliches Hochwerfen oder Vorstoßen der Hände.

Dadurch entstand der Eindruck eines Musters, das hauptsächlich aus Linien oder Wellen bestand, das sich aber immer wieder veränderte: manchmal schlug sich seitlich ein Keil hinein, wenn etwa einzelne von außen auch noch auf die Tanzfläche wollten, manchmal riß das Gewebe, wenn sich eine ganze Gruppe von der Tanzfläche weg zum Seitenausgang bewegte, von wo aber auch massenweise hereingeströmt wurde. Dadurch ergaben sich Umgruppierungen, aber auch stete Neuformierungen des Ganzen. Doch plötzlich begann mein Blick wie bei einem Vexierbild hin- und herzuspringen, zwischen der Masse als Ganzes, ihren Mustern und Ornamenten, und den einzelnen, die diese Masse bildeten. Einzelne traten mir so deutlich vor Augen, als stünden sie in der Masse erhöht oder durch einen Abstand von den anderen getrennt und isoliert – und tatsächlich war beides der Fall: am Ende der Tanzfläche, auf einem Aufbau, einer Art schmalen Bühne oder Steg, tanzten zwei Frauen und ein Mann erhöht vor den anderen, von denen einige ihre Bewegungen mit denen dieser Vortänzer zu synchronisieren versuchten. Und so überfüllt die

Tanzfläche auf den ersten Blick auch schien, die Tanzenden hielten eigentümlich Distanz untereinander: beinahe jeder hatte um sich herum genügend Platz für oft große Bewegungskreise, die sie alle in dieselbe Richtung, der Bühne zugewandt, ausführten. Es sah aus, als würde der Eintritt in diese Masse nicht zu einem »Umschlagen der Berührungsfurcht« führen, wie es Canetti in *Masse und Macht* beschrieben hatte, sondern zu einem massenweisen Demonstrieren und wechselseitigem Respektieren der Berührungsfurcht. Da war eine Masse, die die einzelnen nicht verschluckte, nicht nur die, die erhöht tanzten, ohne daß sie sich übrigens wirklich als »Führer« oder »Dirigenten« durchsetzen konnten – sie wurden übrigens nach einiger Zeit von anderen abgelöst –, sondern auch die unten auf der Tanzfläche, von denen immer wieder einzelne als einzelne auffielen, etwa durch Besonderheiten ihrer Kleidung, ihrer Frisur oder ihrer Bewegungen.

Es klingt zwar wie eine Binsenweisheit, daß die Masse aus einzelnen besteht, aber es ist nicht selbstverständlich, daß wir sie auch sehen. Bei Canetti etwa ist die Masse grundsätzlich und ausschließlich ein Ganzes, in dem der einzelne völlig aufgeht. Der Masse als einem vom Individuum erlösten Gebilde schreibt er eine Reihe von Formationsmöglichkeiten und prototypischer Eigenschaften zu, in denen der einzelne erst recht nicht mehr in den Blick kommt. Aus einzelnen besteht bei Canetti die Macht – in Gestalt des »Dirigenten«, des »Königs« etc. –, diese einzelnen haben die ihnen gemäßen anthropologischen Masken – aber immer abseits der Masse oder dieser gegenüber.

Man könnte die Masse der in der Diskothek Tanzenden mit Canetti als »Festmasse« beschreiben, aber dadurch würden wir nur wieder aus dem Blick verlieren, daß die einzelnen in dieser Masse sichtbar blieben und auffielen. Dieser Sachverhalt hat allerdings sehr weitreichende theoretische und praktische Konsequenzen, die sich gerade heute in Hinblick auf das, was der eigentlich hilflose Begriff »moderne Massengesellschaft« meint, als bedeutsam erweisen: Das klassische bürgerliche Individuum hat sich in einer dichten gesellschaftlichen Vernetztheit aufgelöst, in der ihm aber die Individualität erst recht zum Fetisch wird, den es allerdings nur mit Hilfe bestimmter Massenartikel oder Massenaktivitäten aufrecht halten kann, über die er sein Lebensgefühl, seine Anerkennung, seine Kommunikation etc. organisiert. Das heißt, in der Masse wird nicht nur das Verschwinden des einzelnen sichtbar, sondern der einzelne immer auch erst kenntlich. Genau auf diesem Oszillieren, wenn es auch auf eine sehr einfache Weise geschah, insistierte offenbar mein Blick von der Galerie der Diskothek auf die Tanzfläche.

Diesen oszillierenden Blick hatte ich schon einmal – gelesen: in Heimito von Doderers Roman *Die Dämonen*, der auf eben jenes historische Ereignis zurückgeht, das zum Initialerlebnis auch für Canettis Werk geworden ist. In diesem Roman werden nicht nur eine Reihe fiktionaler Erzählstränge mit dem Wiener Justizpalastbrand verknüpft, interessant ist vor allem der darin vorgeführte Blick auf die Masse:

Der Ich-Erzähler steht erhöht, nämlich am Fenster im obersten Stockwerk eines Hauses, blickt hinunter auf die Straße, und beobachtet die Ereignisse des 15. Juli 1927. Dieser Blick von oben entfaltet eine Dynamik, die die Masse, die sich unten formiert, ununterbrochen zerschlägt und neu zusammensetzt, sie nicht nur in Wachsen und Zerfall, sondern vor allem auch in ihrem Verhältnis in sich – als Ensemble einzelner, die im Ganzen verschwinden –, als auch in ihrem Verhältnis nach außen – Suche nach einem »Führer«, Konfrontation mit der »Ordnungsmacht« etc. – immer gleichzeitig sieht. Der Erzähler blickt hinunter und erkennt einzelne. Diese einzelnen stehen erhöht, aber unten auf der Straße erhöht. Ihr Führungsanspruch kann sich nicht durchsetzen. Im kurzen Innehalten der Masse aber erkennt man schon deren prinzipielle Sehnsucht nach Führung. Die Einzelnen sind auch durch Besonderheiten etwa ihrer Kleidung definiert und identifizierbar. Der Erzähler erkennt zum Beispiel die Dichterin Rose Malik: »Sie hatte von den Massen einen Abstand von ungefähr zehn Schritten, gebärdete sich ganz wild und warf einmal beide Arme zugleich über den Kopf. Die Malik trug ein klein-getupftes

Sommerkleid in Grün und Weiß, aber keinen Hut auf ihrem roten ›Bubikopf‹.« – Plötzlich sind diese Einzelnen wieder spurlos in der Masse verschwunden, aber nicht die Tatsache, daß er sie nicht mehr sehen kann, befremdet den Erzähler, sondern die eigentümliche dialektische Volte, daß er ihr Verschwinden nicht sehen konnte: »Ich kann nicht sagen, daß ich gesehen habe, wie sie davonliefen, wie sie in die Menge zurückwichen.«

Die Masse gerät in Bewegung. Was Doderer jetzt beschreibt, gemahnt an die Choreographie eines Balletts ebenso wie an spätere Inszenierungen totalitärer Macht: »Es bilden sich Muster, Ornamente, es gibt eine Bewegung in eine Richtung, die beantwortet wird von einer Bewegung aus der entgegengesetzten Richtung, es gibt ein stetes Zurückfluten, Neuformieren und wieder Vorstoßen.« Und so benommen der Erzähler auch von den Ereignissen ist, die er überblickte und doch nicht überblicken konnte, es stellt sich so etwas wie ästhetische Bewunderung für dieses Schauspiel ein: »es imponierte mir geradezu«. Kaum hat sich der Blick scheinbar völlig in dieser Abstraktion aufgelöst, die nur noch die Choreographie und die durch sie hergestellten dynamischen Muster sieht – Punkte, Ketten, Reihen, Linien: »Beim Rennen löste sich die Menge in zahllose einzelne Punkte auf ... die Schutzbündler bildeten eine Kette um den brennenden Justizpalast ... Wir sahen schon die Reihen aus Karabinern feuernden Polizisten erscheinen ... man legte lange Schlauchlinien von den Hydranten her ...« –, kommen plötzlich wieder einzelne in den Blick, identifizierbare Individuen, die nun allerdings aufgeladen scheinen mit Bedeutung für das Allgemeine, für die Masse sowieso, aber auch für den historischen Augenblick: etwa in Gestalt der alten Frau, die blutend in einer Lache Milch liegt, wodurch langsam die österreichischen Nationalfarben Rot-Weiß-Rot ineinander verschwimmen. Ein Bild, das sich selbst auslöscht, Bedeutungen, die der historische Augenblick, der sie gerierte, sofort wieder vernichtete. »Metaphern stürzten, Embleme brachen durch ihren doppelten Boden.«

Das ist noch nicht alles. Die Gespräche des Ich-Erzählers am Fenster, beim Blick hinunter, zeigen eine erregte Selbstgewißheit, nicht zu dieser Masse zu gehören, und doch: Er steht erhöht, aber er hat keine Macht. Er gehört zur Masse. Er muß also in sie eintreten. Der Erzähler verläßt das Haus – er muß vorbei am Hausmeister, der das Haustor versperrt und eine Stehleiter aufgestellt hat, von der auch er von oben, durch das kleine Fenster über dem Haustor, auf die Straße blickt. Der Erzähler tritt hinaus auf die Straße, hinein in die Masse – um vor ihr zu flüchten.

Interessant an dieser Romanpassage ist das Insistieren auf dem »Blick von oben«, den man nicht als elitär oder dünkelhaft mißverstehen darf: Selbst unten blickt man noch von oben. Der Hausmeister klettert unten auf Straßenniveau auf eine Stehleiter, um von oben blicken zu können. Auf den wenigen Fotos, die von den Ereignissen des 15. Juli 1927 existieren, ist dies tatsächlich als Konstante zu sehen: Auf alle Denkmäler, Statuen (etwa die großen Steinlöwen vor dem Justizpalastgebäude), Laternen und Bäume sind Menschen hinaufgeklettert – sie sind ebenfalls ein Teil der Masse, aber sie erst sind es, die das Bild der Masse als Ganze konstituieren: als ein Gebilde, das die einzelnen verschluckt, aber – ob die Masse nun »Führer« hat oder nicht – einzelne auch immer wieder gleichsam hervorstülpt.

Auch bei Canetti gibt es übrigens einen Hausmeister, in *Die Blendung*. Dieser aber blickt knieend, zusammengekauert durch ein Guckloch, erkennt nur Schuhe, Stulpen, Hosenbeine, leitet daraus sein Weltbild ab. Der Blick dieser Figur ist tatsächlich charakteristisch auch für *Masse und Macht*: Canetti sieht das Einzelne, aber nicht den einzelnen, Einzelheiten fassen sich zu klassifizierbaren Prototypen von Massen zusammen, in denen erst recht kein einzelner mehr ganz aufscheint.

1927, in eben diesem Jahr des Wiener Justizpalastbrandes, drehte in den USA King Vidor den Film *The Crowd*, deutsch: *Ein Mensch der Masse*. Der Film erzählt die Geschichte von John Sims, der in New York versucht, »etwas zu werden«. Er kommt aus einer amerikanischen Kleinstadt mit überschaubaren Verhältnissen und einer über identifizierbare Individuen gebildeten Hyrarchie. Seine Frau Mary, die Tochter italienischer Einwanderer, kommt aus dem anachronistisch gewordenen Zusammenhang einer ethnisch definierten Großfamilie. Beiden Herkunftsmodellen gegenüber stellt die großstädtische Massengesellschaft die geschichtlich sich durchsetzende Moderne dar.

Interessant ist der Blick, den die Kamera eröffnet, um Johns Eintritt in die Masse, die er verachtet, der er aber angehört, aus der er sich erheben will, und in die er zurückmuß, zu zeigen: Die Kamera fährt an der Fassade eines Hochhauses hinauf, dringt in ein Fenster ein und zeigt, auch im Inneren von oben, ein Ornament von hunderten Schreibtischen, an denen eine gesichtslose Masse von Angestellten arbeitet, um sich schließlich die Nummer 137, nämlich John Sims, herauszugreifen.

Diese Kamerafahrt produziert den reziproken Blick Doderers, der aus dem Fenster hinaus auf die Straße hinunter blickte. Zugleich ist er strukturell mit diesem identisch: er besteht, selbst beim Eindringen in einen Innenraum, auf der Sicht von oben, und er identifiziert noch in der Gesamtschau des Massenornaments das einzelne Individuum. Der ganze Film wird von dieser Dialektik angetrieben, bis zum Finale, in dem John Sims, in seinen Ansprüchen gescheitert, sich dennoch als erlöst zeigt: Er hat seinen Platz in der Masse akzeptiert. Am Ende sieht man ihn und seine Familie in einem Theater sitzen, hemmungslos lachend. Die Kamera zieht sich langsam nach oben zurück, die Familie verschwindet in der Masse von Hunderten sich vor Lachen biegenden Körpern, bis sich die Einstellung in einem abstrakten Muster auflöst.

Dieser Film, übrigens gemeinsam mit einer Reihe anderer dieser Jahre, markiert den Beginn der Selbstreflexion der modernen Massengesellschaft durch ein Massenmedium. Natürlich gab es damals auch Versuche, ganz andere Sehweisen auf Masse und Individuum zu entwickeln, so wie es auch politisch konkurrierende Modelle der gesellschaftlichen Massenorganisation gab: die dünkelhafte Distanzierung von einer als bedrohlich empfundenen und in Zaum zu haltenden Masse ebenso, wie die emphatische Identifikation mit einer heroisierten Masse (der soldatischen oder der proletarischen) – aber als modern, im Sinne des Begriffs Moderne, und auch im einfachen Sinn von zeitgenössisch, erscheinen uns heute nur jene Bilder, wie sie etwa King Vidor oder Doderer vorgegeben haben, die sich letztlich als paradigmatisch auch für das aktuelle Selbstbild der entfalteten Massengesellschaft erweisen. In einer Zeitschrift, die ich zum Frühstück las, befand sich zum Beispiel ein ganzseitiges Inserat, das, unter dem Titel »Der Businesspark des neuen Jahrtausends«, ein Foto zeigt, auf dem eine Gruppe von Frauen abgebildet ist, die alle in der gleichen Körperhaltung den gleichen Gegenstand in Händen halten, nämlich ein Autolenkrad. Das Bild ist von leicht erhöhter Position aufgenommen, es wirkt wie ein Molekül einer von King Vidor gefilmten Massenszene. Der Abstand zwischen den Einzelnen ist allerdings etwas größer geworden – dafür sind die einzelnen aber mitsammen völlig identisch: Es handelt sich um immer dieselbe Frau. Auf diese Weise wird besonders radikal der Anspruch ausgedrückt, daß alle gleich sind, während aber eben dadurch auch dem einzelnen identifizierbaren Individuum gehuldigt wird – ist nicht jeder von uns ein einzelner? Zugleich stellt diese Radikalisierung der Dialektik von einzelnem und Masse erst eine völlige Harmonie im Erscheinungsbild her. In der Schlußeinstellung von King Vidors Film sahen wir die glückliche Masse, die glücklich ist, weil jeder einzelne glücklich ist, das ergab in der Gesamtschau ein zusammenhängendes Muster, und in seiner Bewegung eine Choreographie, die durch die Gleichheit der Bewegungen (alle Oberkörper biegen sich vor Lachen), aber noch nicht durch deren völlige Gleichförmigkeit funktioniert. Erst jetzt, auf dem Bild des Businesspark-Inserats, erscheinen Ornament und Choreographie der Masse einzelner als wirklich glücklich vollkommen.

Historisch war es in der Moderne, wenn wir ihr nach diesem Jahrhundert überhaupt noch einen Sinn zuschreiben wollen, genau darum gegangen: Um die Vervollkommnung der Idee des Individuums, was, wenn Unterschiede durch Geburt oder Stand etc. dafür keine Barriere mehr sein dürfen, das Versprechen bedeutet, das Glück der Masse herzustellen. Die Einlösung dieses Versprechens heißt aber auch, daß Glück nicht mehr anders als in der Masse zu haben ist, durch ein wohlgeordnetes, die Distanz zwischen den einzelnen auch durch Verfassung und Recht geregeltes, geglücktes Verhältnis des einzelnen zu den anderen, die sich als gleiche voneinander unterscheiden.

Ein großes Schuhgeschäft in unmittelbarer Nähe meiner Wohnung wirbt mit dem Slogan: »Nackt sind alle Füße gleich«. Dieser Satz ist richtig: Alle nackten Füße sind durch dasselbe charakterisiert, nämlich durch ihre radikale Individualität. Erst durch einen Massenartikel, durch Schuhe einer bestimmten Marke, können sie ihre Individualität in der Masse entfalten.

Mehr noch als Canetti entsprach also Doderers Blick auf die Masse dem, was ich zufällig von der Galerie eines Tanzlokals sehen konnte: Dieser Blick Doderers korrespondiert nicht nur bis ins Detail mit dem amerikanischen Kamerablick, der unsere heutigen Sehgewohnheiten zweifellos entscheidend mitgeprägt hat, er scheint noch als Grundierung heutiger Selbstbilder der entfalteten Massengesellschaft durch, auf denen Massen immer dafür einstehen, daß jeder einzelne glücklich gemacht werden kann. Die Menschen, die ich auf der Tanzfläche sah, waren tatsächlich so glücklich, wie sie konnten. Und die Gleichförmigkeit ihrer Bewegungen zeigte nicht nur, daß die einzelnen ununterscheidbar wurden, sondern auch, daß jeder einzelne bei sich war. Einigen gelang es weniger, sie mußten sich daher tanzend besonders hervortun, zumindest dies konnten sie. Wer das verachtet und denunziert, muß bedenken, daß dieses zwiespältige entfremdete Glück immerhin ein Symptom für eine gesellschaftlich doch geglückte Vermittlung von Individuum und Masse ist, deren historische Alternative nur die totalitär erzwungene war: In Form von Faschismus und Stalinismus.

Doderer hat in den *Dämonen* den drohenden Faschismus übrigens mitreflektiert. Canetti hat in Masse und Macht nicht nur explizite Hinweise auf den Wiener Justizpalastbrand vermieden – obwohl die Prämissen seiner Denkanstrengung sich offensichtlich seinen damaligen Erfahrungen verdanken –, er hat sein Werk auch völlig gegen den Fortgang der Geschichte, deren Zeitgenosse er

war, abgedichtet: Er nahm weder auf die Massenorganisations-
und Führermodelle von Faschismus und Stalinismus Bezug, noch
auf jenes »amerikanische Modell«, das sich in den späten zwanziger
Jahren in Film und Literatur als geschichtsmächtige Möglichkeit
einer Versöhnung von Masse und Individuum darzustellen begann und zu dem auch das befreite Europa schließlich zurückge-
funden hat, was in den Jahren der Fertigstellung von *Masse und
Macht* in seinen Konsequenzen schon deutlich sichtbar war.
Canettis fixe Idee war das Urbild, das Prototypische. Damit könnte
man Homologien sehen, die die »Festmasse« in der beschriebenen
Diskothek mit einem Fest von Buschmännern hatte, die Unterschiede und das historisch Spezifische aber nicht mehr. Und vor
allem ist in keiner der prototypischen Masse-Formationen Canettis
der einzelne mehr sichtbar. Doderer konnte als Romancier gar nicht
anders, als einzelne im Blick zu behalten. Aber auch bei einem
Romancier ist nicht ausgemacht, daß er einen Blickwinkel findet,
der, wenn wir ihn verallgemeinern, also in Theorie übersetzen,
der weiteren Entwicklung und den neuen Erfahrungen standhält.
Doderers Blick von oben wurde oft als dünkelhaft mißverstanden,
und die Bedeutung seiner Beobachtung, daß in Massen einzelne
immer wieder »hochklettern«, buchstäblich, aber auch metapho-
risch, sozusagen in unserem Blick hochklettern, wurde weitgehend übersehen. Meine Beobachtungen von der Galerie einer Diskothek mögen als zeitgenössischer Beleg banal und allzu alltäg-
lich sein, aber gerade die in unserem Alltag erreichte Banalität
könnte uns auch beruhigen.

Als großes einschneidendes historisches Ereignis in unserer Le-
benszeit wäre mit den Erfahrungen Doderers und Canettis vom
15. Juli 1927 strukturell vergleichbar: der Tag, als nicht einzelne
einer Masse, sondern eine Masse hochkletterte, sich aufstülpte,
oben stand und hinunterblickte, triumphierend, um als Masse eine
Befreiung zu feiern, die jeder als Befreiung des Individuums empfand – der 9. November 1989, als die Berliner Mauer sich öffnete.
Diese Bilder haben wir immerhin auch sehen können – zumindest
in den Massenmedien. Natürlich ist die Geschichte nicht in die-

sem Moment stehen geblieben, als Individuum, Masse und Macht eins wurden. Wie sind nun ein gesellschaftlicher Alltag, Masse und Macht, wenn sie wieder auseinanderfallen, zueinander vermittelt? Wie ist es um das Medium, das »und« von Masse und Macht bestellt? Dazu möchte ich einige Beobachtungen anfügen, die den vorhin beschriebenen zwar gleichen, aber in ihrer Identität vielleicht doch Hinweise auf Differenz und Vermittlung geben.

Übersiedeln wir von der Diskothek in die Oper. Vor einiger Zeit besuchte ich die Wiener Staatsoper, weil dort ein Fest stattfand, das ich mit voyeuristischer Neugierde besuchte: gefeiert wurde das Erscheinen der einhundertsten Ausgabe der österreichischen Wochenzeitschrift *News*. Dieses Fest mobilisierte Massen, um ein Massenmedium zu feiern, zugleich war es eine Demonstration des Zusammenhangs von Massenmedium und Macht, indem es die Mächtigen des Landes, vom Präsidenten der Republik abwärts, bei diesem Fest versammelte.

Einer der Gründe für den Erfolg der Zeitschrift, die dieses Fest gab, ist, daß sie regelmäßig Listen von Menschen veröffentlicht, die gleichsam »über der Masse stehen«, weil sie in irgendeinem Zusammenhang besonders »wichtig« sind. Der Witz dieser Listen liegt darin, daß sie so lang sind, daß die darin verzeichneten Namen sofort wieder eine Masse ergeben. Mir scheint, daß diese Listen, genauso wie die »Festmasse«, die ich hier in der Oper sah, den »Prototyp« der zeitgenössischen Masse, nach den historischen Erfahrungen des letzten halben Jahrhunderts, darstellen: Die Masse, die aus Individuen besteht, von denen jedes einzelne, während es von der Masse verschluckt wird, zu Recht noch Wert darauf legt, eines zu sein. Was ich von einer Loge der Oper aus an Massenornamenten beobachtete, unterschied sich kaum von meinen Beobachtungen in der Diskothek – mit einem Unterschied: Die einzelnen, die sich hier hochstülpten, standen nicht für das Individuum in der Masse, sondern für die Macht. Es trat zum Beispiel der Bürgermeister von Wien auf die Bühne, die Personifikation eines von Canettis Prototypen der Macht.

Canetti schrieb: »Es gibt keinen anschaulicheren Ausdruck für

Macht als die Tätigkeit des Dirigenten. – Der Dirigent steht – er steht allein – er steht erhöht – er gewöhnt sich daran, immer gesehen zu werden, und kann es immer schwerer entbehren.«

Nach einer kurzen Ansprache drehte der Bürgermeister dem Publikum den Rücken zu und streckte einen Arm hoch. »Er steht an der Spitze und hat dem Publikum den Rücken zugekehrt ... Er gibt an, was geschieht, durch das Gebot seiner Hand.« (Canetti) Die Hand des Wiener Bürgermeisters gab tatsächlich an, was geschah: sie wurde zum Symbol allerdings der Hilflosigkeit der Macht gegenüber Entwicklungen, die, obwohl sie den Massenmedien zufolge keiner will, wieder einmal geschehen. – Die Finger dieser Hand sind von einer Briefbombe, die Rechtsradikale an den Bürgermeister geschickt hatten, weggesprengt worden. Er drehte dem Publikum den Rücken zu, rief, daß er das Massenmedium liebe, hob seine fingerlose Hand, es war ein Einsatz, auf den laut und emphatisch eine bekannte Melodie ertönte – ausgerechnet die Melodie von *Goldfinger*.

Mädchen in goldenen Trikots sprangen hinter der Bühne hervor und warfen Exemplare der Jubiläumsausgabe der Zeitschrift ins Publikum, aus dem sich aberhunderte Arme Richtung Bühne streckten.

Der Herausgeber der Zeitschrift trat auf und verkündete voll Stolz, daß der Bürgermeister demnächst sein Amt niederlegen und in den Zeitschriftenverlag eintreten werde. Plötzlich war der Bürgermeister verschwunden. Mit der Bekanntgabe seines Eintritts in das Massenmedium war er von den Massen verschluckt.

Natürlich nicht ganz. Immer wieder war er da und dort sichtbar, identifizierbar. Und er sollte ja auch der Masse als einer, der über sie hinausragt, erhalten bleiben, durch seinen Eintritt in den Zeitschriftenverlag als Ikone seines Ruhms – der Ruhm ist in Canettis Masse und Macht eine Variante der Macht. Aber mit diesen Typisierungen Canettis ist just das nicht zu fassen, was das Rätselhafte und Schockierende dieser Show von Masse und Macht, dieses Auftritts des Dirigenten war: nämlich die Komposition – aus fingerloser Hand, der Melodie *Goldfinger* und den Hunderten zur Bühne hingestreckten Händen, die aber nicht dem »Dirigenten« galten, sondern dem Medium. Auf dem Cover der Jubiläumsnummer dieses Mediums, das nun ins Publikum geworfen wurde, war allerdings auch dieser Bürgermeister abgebildet. Es wurde also durchaus ihm, aber vermittelt gehuldigt, vor allem aber war deutlich, daß er die Inszenierung nicht mehr wirklich »in der Hand hatte«: der Gestus der Macht, die erhobene Hand, paßte nur noch zufällig, als prototypische, in diese Inszenierung. *Goldfinger* konnte weder des Bürgermeisters Idee noch sein Wunsch gewesen sein. Man kann sich nun sehr einfache Vorstellungen davon machen, welche Interessen er hat, um in solch einem Spiel mitzuspielen, welche Interessen das Massenmedium hat, und welche die Masse. Aber wie funktioniert die Vermittlung, wieso funktioniert die Inszenierung, sogar wenn Massenmedium und Dirigent zu verschiedenen Partituren greifen? Hier empfand ich besonders stark das Defizit von Canettis Werk. Er liefert Prototypen von Massen, Prototypen von Macht in individueller Gestalt – er verrät aber nichts über deren Vermittlungszusammenhang. Wie konnte Canetti mitten im zwanzigsten Jahrhundert eine Theorie von Masse und Macht schreiben, ohne daß aus dem »und« des Titels eine Theorie der Massenmedien herauspurzelt? Seine »Buschmänner«, wie er selbst seine ethnographischen Quellen nannte, in Ehren, aber in *Masse und Macht* finden wir nicht einmal einen Hinweis auf die Buschtrommel.

Als ich die Loge verließ, um mir etwas zu trinken zu holen, hörte ich das Gerücht, daß nicht nur dieser künftige Ex-Bürgermeister, sondern auch einige andere, die als einzelne in der Masse als Mächtige identifizierbar waren, über Strohmänner Anteile an dieser Zeitschrift hielten. Sofort dachte ich, daß dies, falls die Information stimmte, nicht nur ein demokratiepolitisches Problem sei, sondern vor allem und erst recht auch eines in Hinblick auf jede zeitgenössische Debatte über »Masse und Macht«. Das Medium ist offenbar nicht so unschuldig irgendwo zwischen Masse und Macht eingeschoben, um ganz fraglos der Mittler zu sein. Ist es nicht vielmehr selbst Macht, ein Teil der Macht? Medienmenschen können an die Macht gelangen, Mächtige wieder in die Medien eintreten, als Teilhaber oder Mitarbeiter oder beides – das ist ein Austausch zwischen Medium und Macht, der einfach gegenüber den Massen stattfindet, Massenmedium und Dirigent erscheinen hier als zwei Dirigenten, die nach zwei Partituren spielen, allerdings mit einem Gestus: den Massen Macht vorzuführen.

Andererseits: Ein Medium, das als Bestandteil der Macht bloß der Selbstdarstellung der Macht diente und sie an die Massen vermittelte, würde selbst nicht mehr als Macht erscheinen, sondern als von der Macht gegängelt, und wäre daher für die Masse unglaubwürdig. Das Medium muß also, um als Macht und als Massenprodukt tatsächlich Mittler zwischen Masse und Macht sein zu können, mit der Masse genauso verschmelzen wie mit der Macht. Wie aber funktioniert das?

Mir ging immer noch die Information über die stille Beteiligung des Bürgermeisters an dieser Zeitschrift durch den Kopf.

Der Strohmann. Ist er der gesuchte Prototyp des Mittlers, derjenige, der unsichtbar das Vermittlungsspiel von Masse und Macht betreibt? Nein, so verführerisch der »Strohmann« als Begriff auch wäre, er ist nicht der Mittler, kann es nicht sein. Er ist nur einer Seite verpflichtet, nämlich den einzelnen, die er vor der Öffentlichkeit abschirmt. Der Informant kann die Vermittlung nie für beide Seiten herstellen. Um die Frage nach der Vermittlung von Masse und Macht zu klären, ist nicht die Information über geheimnisvolle Strohmänner das Entscheidende – der Informant selbst wäre es.

Was gerade noch im Dunkeln lag, durch ihn ist es in ein schiefes Licht gesetzt. Das schiefe Licht folgt dem Gefälle von Masse und Macht. Selbst zu mir, einem Menschen aus der Masse, gelangte diese vertrauliche Information über die Macht. Der Informant bewegt sich in der Masse, er ist ein Teil von ihr, kann mit jedem einzelnen der Masse reden. Er kennt die einzelnen der Masse, kann sie ansprechen, weiß genug von jedem einzelnen, um für seine Informationen einen fruchtbaren Boden vorzufinden. Er ist in der Masse der Freund der Masse, er nährt ihren kritischen Blick auf die Macht. Zugleich aber ist er ein Teil der Macht. Man merkt:

Er kennt die Mächtigen, weiß über sie, was andere nicht wissen, er hat Informationen von ihnen. Das Fest eines mächtigen Massenmediums ist sein Fest. Hier feiert er seine Verbindung zu beiden, zu Masse und Macht. Was er hier jemandem zuraunt, ist gerade erst ihm zugeraunt worden. Seine Informationen müssen nicht stimmen, aber im Vermittlungszusammenhang können sie nur so funktionieren: Sie sind unbeweisbar, aber sie erklären vieles.

Der Typus des Informanten ist der wahre Mittler zwischen Masse und Macht. Er vermittelt zwischen einzelnem und Masse, indem er selbst der Masse angehört, allerdings als einzelner, der die Masse als lauter einzelne sieht und kennt. Und er vermittelt zwischen der Masse insgesamt und der Macht, indem er sich in der Masse über sein Nahverhältnis zur Macht, und gegenüber der Macht über seine Kenntnisse der Masse definiert. Er kennt nicht nur die einzelnen der Masse, er kennt auch von der Macht, ihren Repräsentanten und Institutionen immer einzelne. Er erringt das Vertrauen der Masse, indem er von unbekannten Plänen, Absichten und Taten der Macht zu raunen weiß, und er erringt das Vertrauen der Macht, indem er selbst die Gedanken der Masse zur Aktenkundigkeit verhelfen kann. Sein Spezialgebiet ist beiderseits das Unbeweisbare, darum ist er so wichtig: Ohne ihn wäre nichts bezeugt. Er stiftet also die Realität, auf der sich Masse wie Macht bewegen. Ratschlag und Verrat sind ihm im Gestus eins, bedingungslos treu ist er dem Verhältnis, das er herstellt. Ob er »das beste Restaurant der Stadt« oder mögliche politische Szenarien ausplaudert, es ist strukturell dasselbe: eine Ansichtssache, die Ansichten erst ermöglicht.

Alles, was er weiß, erfährt, denkt, weitergibt, wird in seinem Kopf zum System, dem er dient. In diesem System fehlt aber immer als Mitgedachtes ein zentrales Element: Er selbst. Elemente sind für ihn aber immer nur die anderen. Er ist daher immer in seinem Element, aber nie bei sich. Deshalb käme er nie auf den Gedanken, zu sein, was er ist.

In roher Form existierte der Typus des Informanten in allen totalitären Gesellschaften: als Denunziant. In den offenen Gesellschaften, die sich nicht zuletzt als Informationsgesellschaften begreifen, erscheint er unweigerlich domestiziert – nämlich nicht nur von der Macht, sondern auch von den Massen legitimiert. Er ist öffentlich das Medium, aber erst Masse und Macht vertraulich sein Ohr leihend wird er zum mächtigen Massenmedium. Die Zeitschrift, die sich hier feierte, wirbt daher mit dem Slogan »Worüber ganz Österreich spricht«, und eröffnet ihre Berichterstattung jede Woche mit der Seite »Top secret«.

Die Identität zwischen dem, worüber alle sprechen, und dem, was niemand weiß, stellt dieses Medium besonders *exzessiv* mit eben der Technik her, der sich jeder Denunziant bedient: *Ganz unter uns* – in der Fachsprache heißt das *exklusiv*. Verrät das Medium zum Beispiel exklusiv, daß ein bestimmter Minister zurücktreten werde, dann kann es eine Woche später ebenso exklusiv bekannt machen, warum dieser Minister jetzt doch nicht zurückgetreten ist. Das klassische Informationsmedium aber muß warten, bis etwas faktisch geschehen ist – aber dann wissen es auch alle anderen. Inzwischen hatte dieses Medium bereits zwei Exklusiv-Geschichten. Die Exklusiv-Geschichte hat die zwanghafte Tendenz, sich von überprüfbarer Faktizität zu befreien, und zugleich die fixe Idee, die Faktizität zu beherrschen. Genau dieses Wechselspiel von Machtattitude und objektiver Beliebigkeit macht auch das Lebensgefühl der modernen Masse aus, wie sie sich auf diesem Fest darstellte: es ist ein massenhaft herstellbares Gefühl von Exkluisivität.

Gerade als ich gehen wollte, sah ich den Redakteur, mit dem ich zuvor gesprochen hatte, angeregt mit dem Bürgermeister reden. Die Frage, wer der Strohmann sei, über den dieser Bürgermeister seine Hand im Spiel dieses Mediums hat, beziehungsweise ob dieser Strohmann überhaupt existiere, hat, dachte ich nun, etwas Anachronistisches. Weder Masse noch Macht wollen noch Aufklärung über sich selbst. Der nunmehrige Exbürgermeister stand für eine ganz andere Frage, über die ganz Österreich sprach und die zugleich top secret war. Wer ist der Täter, wer ist der Briefbombenterrorist?

Wenige Wochen nach diesem Fest machte *News* tatsächlich mit der Titelgeschichte »Der Täter« auf. Im Heftinneren erfuhr man, daß die Polizei den Täter zwar noch immer nicht ausgeforscht hatte, aber die Zeitschrift hatte ein »Täterprofil«: »Der Täter ist zwischen 40 und 60 Jahre alt. Familienstand: Unverheiratet, geschieden oder verwitwet. Beruf: Beamter im öffentlichen Dienst oder Rechtsanwalt. Möglicherweise auch arbeitslos oder in Pension«. Was ist sein Ziel? »Ein Rechtsruck«. Das alles wußte *News* exklusiv. Ganz unter uns: Ergibt *dieses* Täterprofil in diesem Land nicht schon wieder eine Masse?

# Der Mitmacher

Kaum ein Politikerimage ist so positiv besetzt und dabei so zwie-spältig wie das des *Machers*. Was ist ein Macher?

Ein Tischler, der tischlert, ein Autorennfahrer, der Autorennen fährt, ein Dichter, der dichtet, gelten nicht als »Macher«. Dabei tun sie unausgesetzt nichts anderes, als »machen« – nämlich das, was man von ihnen erwartet und was sie auch können.

Von politischen Entscheidungsträgern erwartet man gemeinhin, daß sie Entscheidungen treffen und auch den Willen haben, sie durchzusetzen. Warum wird es also besonders akklamiert, wenn ein Politiker diese Selbstverständlichkeit zu erfüllen scheint? Anders gefragt: Warum gilt ausgerechnet Viktor Klima als Ma-cher? Da es offensichtlich wenig Anlaß für Emphase gibt, bloß weil einer etwas macht, das man von ihm erwartet und das er auch kann, muß es, im Fall von Politikern, einen anderen, einen hintergründigen Sinn des Begriffs »Macher« geben – und um den zu begreifen, muß man lediglich in den österreichischen Medien die innenpolitische Berichterstattung mitverfolgen. Ein Macher ist hierzulande ein Politiker, der auf besonders dynamische Wei-se all das, was er zu machen hat, eben *nicht* tut, der also seine Macherqualitäten im *Vermeiden* beweist: Er will nichts machen, wofür er vom Boulevard angemacht wird. Ein Macher ist ein Po-litiker, der sich eben nicht für Entscheidungen, sondern für die Reaktionen des Boulevard bereithält. Er krempelt zum Beispiel vor Fotoapparaten die Ärmel auf, um dann, wenn der Film aus-geknipst ist, das Hemd zu wechseln und zu denken: Ich habe gezeigt, daß ich ein Zupacker bin, aber wirklich zupacken – nein, *das* mach ich nicht, ich könnte mir die Finger verbrennen. Der

Journalismus, den er bedient, ohne etwas zu tun, das diesen verstört, und von dem er Hilfe bei der bloßen *Imagebildung* erwartet und nicht Auseinandersetzungen mit den von ihm getroffenen Entscheidungen, dieser Journalismus bedankt sich bei solchen Politikern dadurch, daß er *ausnahmsweise* nicht Ressentiments verbreitet, sondern sogar die Wahrheit: Er gibt diesem Politiker das Attribut »Macher« – und damit meint der Boulevard: Er ist ein Mitmacher in unserem Spiel.

Es gibt in Österreich keine Paparazzi, die imstande wären, mit Kameras, selbst mit den allerlängsten Teleobjektiven, den Kanzler in flagranti dabei zu erwischen, wie er gerade Punch zeigt. Aber es gibt den Kanzler, der jederzeit bereit ist, in das Fotostudio einer Illustrierten zu eilen, um sich dort mit den allergrößten roten Boxhandschuhen fotografieren zu lassen. Natürlich ist es nicht *diese* Willfährigkeit, die vom Boulevard mit positiv besetzten Imageattributen belohnt wird, sondern des Kanzlers Willfährigkeit schlechthin, die eben auch bis zu *dieser* Willfährigkeit geht. Das ist der Grund, warum etwa dieses Klima-Cover mit den roten Boxhandschuhen auf solch trübsinnig-machende Weise so vexierbildhaft ist: Man sieht einen Macher, plötzlich springt das Bild um und man sieht: einen Hampelmann. So ist, wenn natürlich auch ungewollt, tatsächlich die Wahrheit abgebildet: Klima ist nur insofern ein Macher, als er konsequent nur eines macht: nämlich das, was die Boulevardmedien wollen. Und was die Boulevardmedien wollen, ist, daß Klima bestimmte Dinge *nicht* macht, zum Beispiel eine vernünftige Medienpolitik.

Wäre es ein komplexes, dialektisches Spiel, das der Kanzler treibt, indem er schamlos den Boulevard bedient, um sich gegen allzu billige Kritik an einer grundsätzlich vernünftigen Politik, die er zugleich macht, zu immunisieren – man könnte seine populistische Willfährigkeit immer noch verachten, aber es fiele schwer, dagegen zu polemisieren – er hätte allzu viel auf der Habenseite. Nun ist aber Viktor Klima eindeutig dadurch charakterisiert, daß er sich ausschließlich durch Nicht-Machen gegen Kritik immunisiert, daß er, nur weil er nichts macht, mit dem Macher-Image belohnt wird. In der Literatur ist dieses Phänomen übrigens wohlbekannt, da heißt es Henry-Bech-Syndrom. Henry Bech, eine Figur von John Updike, ist ein Schriftsteller, der immer berühmter und beliebter wird, solange er nichts veröffentlicht. Am Ende steht er, der geniale Komplize der literarischen Feuilletons, knapp vor dem Nobelpreis. Als er nun doch etwas veröffentlicht, weil er sich mittlerweile für völlig unantastbar hält, wird er gnadenlos verrissen und stürzt in die Bedeutungslosigkeit ab. Viktor Klima ist die lupenreine Version des Politikers mit dem Henry-Bech-Syndrom. Je konsequenter dieser Macher nichts macht, desto überspannter werden die Erwartungen und desto weihrauchschwingender reagieren die Medien. Alles, was man gemeinhin von einem Spitzenpolitiker erwartet, ist bei ihm vergessen und auf den Kopf gestellt. Klima ist Regierungschef – regiert er? Nein. Am Beispiel der Pensionsreform läßt sich besonders schön zeigen, wie er dynamisch die Ärmel nur deshalb aufkrempelt, um bequemer seine Hände in den Schoß legen zu können. Hat er ein Konzept zur Reform des Pensionssystems ausgearbeitet, es schließlich als Gesetz formuliert und dem Parlament vorgelegt, so wie es in zivilisierten Demokratien selbstverständlich wäre? Nein. Klima ist hilflos, weil die Sozialpartner sich nicht einigen können. Ein »Macher«, der wirklich einer wäre, hätte die Krise der Sozialpartnerschaft als seine Chance begriffen. Seit Jahren, wenn nicht seit Jahrzehnten, wird die Sozialpartnerschaft als demokratiepolitisch höchst bedenkliche »Nebenregierung« kritisiert. Daß sie sich jetzt endlich in Auflösung befindet, während der Parlamentarismus tendentiell stärker wird, hätte Klima Möglichkeiten eröffnet, die kein österreichischer Kanzler vor ihm hatte. Aber was macht er? Er promovierte sich zum wohl einzigen Regierungschef der Welt und der gesamten politischen Geschichte, der eine Nebenregierung anfleht, endlich besser zu funktionieren.

Der Regierungschef hat eine Regierungsmannschaft. Wann ist es jemals passiert, daß einzelne Mitglieder einer Regierung Äußerungen getätigt oder Taten gesetzt haben, die nicht bloß sehr kritikwürdig, sondern buchstäblich unter aller Kritik waren, ohne daß der Kanzler das gemacht hat, was von ihm zu erwarten ist: nämlich ein klärendes Wort, eine Zurücknahme des Deliriums seiner Mannschaft. Seit Beginn der Kanzlerschaft des Machers Klima müssen wir uns offenbar daran gewöhnen, daß dies nicht mehr gemacht wird. Zwei Beispiele: Der Verteidigungsminister Fasslabend bezeichnete in »Informationsbroschüren« Griechenland – wie Österreich Mitglied der europäischen Union, im übrigen Wiege der Demokratie und Schoß der abendländischen Philosophie – als Hort »orthodoxer Horden, gegen die das österreichische Bundesheer geistig aufrüsten« müsse. Fasslabend ist Regierungsmitglied, aber Klima ist der Chef. Was hat Klima dazu gesagt, was hat er gemacht? Zweites Beispiel: Wittmann. Noch nie hat es eine so einhellige, so profunde Ablehnung einer Branche gegen einen Mann gegeben, der politisch für sie zuständig war, wie im Fall des unseligen Staatssekretärs. Könnte man sich etwa einen Wirtschaftsminister vorstellen, der von allen, aber wirklich von allen Wirtschaftsexperten nur verhöhnt und verlacht wird? Wenn ja, dann nur deshalb, weil wir uns seit Wittmann im Klima-Österreich an den Gedanken gewöhnen müssen, daß dies jederzeit möglich ist. Wie reagiert nun der Chef auf die einhellige Kritik an seinem Sekretär, was macht der Macher? Das, was ein Macher von Boulevards Gnaden einzig machen kann: nichts, nämlich nichts anderes, als den peinlichen Versuch, diese Kritik durch einen Deal mit dem Boulevard zu konterkarieren. In der Stunde, in der Wittmann einer wirklich verblüfften Öffentlichkeit Dominique Mentha als designierten Volksoperndirektor präsentierte, erschien die neue Ausgabe von *News* – bereits mit der Mentha-Geschichte. Das war natürlich nicht recherchiert, das war gesteckt. Ich bin lieb, Du bist lieb, und eine Hand wäscht die andere in Unschuld. Man sieht, worauf Klima setzt. Qualifizierte Kritik? Macht nichts! Handlungsbedarf? Was soll ich machen? Boulevard? Au ja, mach' ma!

Nun kann man vielleicht die Kunst ungestraft politisch verhöhnen – gefällt dem Boulevard, kostet Wählerstimmen nur unter der Wahrnehmungsgrenze, aber: Der Kunststaatssekretär ist gleichzeitig EU-Staatssekretär – just jetzt, wenn Österreich den EU-Vorsitz übernehmen wird. Wie wird der Kanzler mit *dieser* Peinlichkeit umgehen? Natürlich gar nicht. Der Macher hat nicht einmal Veranlassung, sich einen Gedanken zu machen, hat doch die Boulevard-Presse bereits geschrieben: »US-Präsident Clinton lobt Österreich: Wir sind gut erzogen«.

Kann es sein, daß die österreichische Intelligenz deshalb immer lustloser wird, sich zur innenpolitischen Situation in Österreich zu äußern, weil denkende Menschen es verabscheuen, Wortwitze mit einem Eigennamen zu machen? Wie kann man über das geistige Klima in Österreich schreiben, wenn der österreichische Kanzler Klima heißt?

Aber jetzt ganz ohne Wortwitze, hart zur Sache: Kann und muß man nicht von einem Regierungschef erwarten, daß er auch das seine tut – oder meinetwegen: *macht* –, um ein produktives Klima, eine in irgendeiner Form positive Atmosphäre in dem Land herzustellen, das er regiert? Und umgekehrt: Muß man nicht erwarten, daß ein Kanzler besonders klare Worte findet, wenn ein Frontalangriff auf Klima – es tut mir leid, das meine ich jetzt in jedem Wortsinn – und Atmosphäre in diesem Land stattfindet? Es ist gespenstisch: Es ist nichts zu hören als das Rascheln des Ärmelaufkrempelns und das Klicken der Kameras – Österreich ist heute das Paradies des politischen Analphabetismus, da ist kein Wort, kein Satz, nichts, das man aufschreiben, setzen und drukken und zitieren könnte. Die österreichischen Bischöfe kündigten den Konsens der katholischen Kirche mit der Zweiten Republik. Die Bischofskonferenz gab bekannt, daß die Kirche zum politischen Katholizismus zurückkehren wolle. Sie sagte sinngemäß, daß ohnehin niemand die Zurückhaltung, die die Kirche politisch in den letzten vierzig Jahren gezeigt habe, und die sogenannte »Äquidistanz« zu allen Parteien ernst nehmen konnte, denn natürlich sei klar, daß der Kirche eine christliche Partei lieber sei als eine nicht dezidiert christliche Partei. Was beim früheren Bundespräsidenten Kirchschläger in der alten Windstille Österreichs noch eher als kabarettistischer Standpunkt durchging (zusammengefaßt: »Ich will ein Bundespräsident für alle Österreicher sein – für die katholischen auf der einen und die christlichen auf der anderen Seite«) wurde nun von der Kirche als radikale Kampfansage an die Tugenden der Republik neu formuliert. »Kirche will sich wieder politisch einmischen«, war Schlagzeile in österreichischen Zeitungen. Nun gibt es Zeitungen, die nachfragen. Daher war zum Beispiel von Erzbischof Schönborn zu erfahren, worum es der Kirche konkret geht. Es gehe um »das Gemeinwohl«. Zum Beispiel die »Fristenlösung«, sie gehöre abgeschafft. Nun ist genau dieses Gesetz ein wunderbares Beispiel für eine Gesetzgebung, die das »Gemeinwohl« bedient: Es wird ja keine Frau zur Abtreibung gezwungen, aber alle Frauen haben die Möglichkeit, über ihr Leben und das, das sie schenken wollen, zu entscheiden. Das kann ein Erzbischof vielleicht nicht verstehen. Er will daher die Zeit zurückdrehen. Es gibt immer wieder Menschen, die aus unterschiedlichsten Motiven dies wollen. Gut, das war die Ansage der Kirche. Aber was sagt der politische Chef, der Kanzler? Nichts. Nicht einmal eine Andeutung dessen, was ein republikanisches Gemüt erwartet hätte. Etwa: Liebe Kirche! Politischer Katholizismus hat in diesem Land nichts zu tun mit zum Beispiel der Theologie der Befreiung, wie wir sie von Südamerika kennen. Hier fällt das mit einigem Grund unter Wiederbetätigung. Jeder Bischof, der dafür eintritt, wird sich dafür zu verantworten haben. Sollte die Gesetzeslage diesbezüglich unklar sein, dann werden wir die entsprechenden Gesetze überprüfen und klarer formulieren, denn es kann nicht sein, daß Wiederbetätigung im Sinne des einen Faschismus strafbar, im Sinne des anderen Faschismus, den Österreich leidvoll erleben mußte, aber nicht strafbar ist – auch wenn die von der Kirche so sehr geliebte christliche Partei bis heute das Porträt des austrofaschistischen Führers in ihrem Club hängen hat. Im übrigen scheint es an der Zeit zu sein, daß wir endlich in der Verfassung festschreiben, wovon alle denkenden Menschen in diesem Land ohnehin geglaubt haben, daß es in der Verfassung steht: nämlich die absolute Trennung von Kirche und Staat. Was allerdings bereits in der Verfassung steht (in Art. 15 StGG), daß nämlich »jede gesetzlich anerkannte Kirche ihre inneren Angelegenheiten selbständig ordnet und verwaltet«, bedeutet, daß ab sofort die katholische Kirche zum Beispiel den Kirchenbeitrag selbständig einhebt, ohne staatliche Hilfe. Die katholische Kirche hat weiterhin selbstverständlich das Recht, Privatschulen zu unterhalten – es ist aber in Zeiten diverser Sparpakete leider nicht mehr möglich, sie auch noch zu subventionieren. Die katholische Kirche kann selbstverständlich in ihren Privatschulen in jedem Klassenzimmer das Kreuz aufhängen, ja sie kann sogar ihre Schulen statt mit Tafeln mit Altären, statt mit Lehrern mit Reliquien ausstatten, in den öffentlichen Schulen aber werden im Sinne einer strikten Trennung von Staat und Kirche alle Kreuze entfernt und der Religionsunterricht durch Unterricht der Geschichte der Weltreligionen ersetzt. Im übrigen warten wir gespannt auf die nächsten Ansagen des »Politischen Katholizismus«.

Zuviel verlangt? Meinetwegen. Aber *nichts* ist für einen *Macher* sicherlich zu wenig. Oder eben gerade recht, wenn man bedenkt, was die *Kronen Zeitung* sonst geschrieben hätte – Privat-TV-Lizenz hin oder her.

Wir haben also einen Kanzler, der den Gegenwind, der auf dem Boulevard weht, mit Rückenwind verwechselt. Da hält er lieber still, in einer windigen Pose: Die roten Boxhandschuhe sollen Durchschlagskraft und Macherqualitäten symbolisieren, tatsächlich aber zeigen sie, daß ein Politiker, der dem Boulevard die Hände reicht, diese blitzschnell verpackt, verschnürt und gefesselt bekommt.

Irgendwann, am Höhepunkt der von der Boulevardpresse geborgten Beliebtheitswerte, wird der Kanzler eine falsche Bewegung machen, nämlich irgendeine. Und dann werden die roten Boxhandschuhe im Republikmuseum auf einen Haken gehängt, und dieser Kanzler wird in seinem Haus in Schwechat sitzen und denken: *Bech* gewesen.

# Der Vormacher

Stellen wir uns vor, ein österreichischer Künstler veröffentlichte in einer Tageszeitung einen kritischen Essay über den Kanzler. Daraufhin ließe dieser Kanzler über eine Boulevardillustrierte ausrichten, die Tageszeitung möge nicht vergessen, daß sie von des Kanzlers Gnaden Presseförderung bekomme. Damit wäre erstmals in der Zweiten Republik öffentlich und explizit von einem Regierungschef folgendes festgehalten worden: Von geförderten Zeitungen wird Willfährigkeit erwartet – oder, verallgemeinert gesagt: Subventionen schließen die Möglichkeit von Zensur mit ein. Nun stellen wir uns weiters vor, daß dieser Kanzler Jörg Haider heißt. Alles klar?

Nichts ist klar. Haider ist nicht Kanzler, konnte also gar nicht so hilflos und zugleich machtberauscht drohen, wie oben beschrieben. Allerdings hielten genug es für möglich, daß er es täte, wenn er Kanzler würde, und wären auch bereit, dagegen aufzustehen. »Hielten ... täte ... würde ... wären ...« – alleine in diesem Satz voller Konjunktive zeigt sich, daß Österreich bereits fast ein zeitgenössisches Land geworden ist: Es hat die »Virtualität« zu seinem Lebensgefühl gemacht. Allerdings ist vor einiger Zeit ein Begriff in der zeitgenössischen internationalen Debatte aufgetaucht, den ebenfalls auf die österreichischen Verhältnisse zu übertragen uns allen gut täte: der Begriff »Echtzeit«. Das fehlt hier nämlich völlig: wenigstens ein Minimum an Gefühl für die »Echtzeit«, für das, was hier und jetzt und wirklich passiert, auch wenn wir es nur über die Medien erfahren.

Noch immer, wie im Neolithikum der Postmoderne, fallen in Österreich bloß Vergangenheit, Gegenwart und Zukunft in eins zusammen: Vergangenheit (Hitler), Gegenwart (Transformations-krise der Zweiten Republik) und Zukunft (Haider?) sind hier so ununterscheidbar ineinander verschwommen, daß keiner mehr weiß, ob er bereits überlebt hat, was ihm erst drohen wird, oder ob er nicht vielmehr erst davon profitieren wird, wofür er bereits bestraft worden ist. Was dabei völlig aus dem Blick verschwin-det, ist eben die »Echtzeit«: Wir *haben* eine Regierung, wir *haben* einen Kanzler, der *nicht* Haider heißt, und es *geschieht* nicht nur seinesgleichen, sondern auch Ungeheuerliches. Reagieren wir *darauf* mit Schweigen, weil es zwar *real* ist und *jetzt* – aber so unwirklich *scheint*?

Die eingangs beschriebene Geschichte von dem Kanzler, der die Vergabe von Subventionen an die Möglichkeit von Zensur zu binden droht, ist nämlich unlängst wirklich geschehen: Der Kanzler heißt Viktor Klima.

Warum gab es darauf keine Reaktion? Weder Gelächter, noch Protest? Warum nur Schweigen, und nicht einmal ein beredtes?

Eben deshalb: Es ist wirklich geschehen, befindet sich also au-ßerhalb der allgemeinen Fixiertheit auf das Virtuelle, während es als Wirkliches so irreal ist, daß es nicht einmal hinterrücks wirk-lich berührt.

Faktum ist: Bislang hat sich noch keine einzige österreichische Zeitung mit Hofberichterstattung für die Presseförderung bedankt, und es ist auch kein einziger Fall eines österreichischen Künstlers bekannt, der auf die Zuerkennung eines Stipendiums mit weih-rauchschwenkender Staatsliteratur reagiert hätte. Das ist die er-ste Ebene, die reale. Die zweite Ebene, immer noch real, aber bereits ohne Verankerung in der Wirklichkeit ist folgende: Jörg Haider unterstellt (einmal mehr in seinem Buch *Befreite Zukunft* im 4. Kapitel), daß die Sozialdemokraten sich mit Förderungen und Subventionen immer nur Willfährigkeit erkauften bzw. sich die Möglichkeit zur Zensur schufen – das ist zwar nachweislich falsch, aber just in diesem Moment denkt der sozialdemokrati-sche Kanzler Viktor Klima laut darüber nach, es in Zukunft bei unbotmäßigen Zeitungen und kritischen Künstlern erstmals wirklich so zu halten. Und die dritte Ebene, nun schon völlig irreal, nichtsdestotrotz aber dennoch wirklich, ist folgende: Ein sozialdemokratischer Kanzler, der wirklich regiert und wirklich ankündigt, man könnte Subventionen mit Zensur vinkulieren, erntet öffentliches Schweigen, keine Proteste, keine Ängste. Ein Oppositionspolitiker hingegen, der unterstellt, daß immer schon geschah, was der Kanzler erst erträumt, löst die Befürchtung aus, daß er selbst es sein könnte, der dies, sollte er Kanzler werden, erst will.

Ich weiß jetzt nicht: Ist das verwirrend, ist es bestürzend, oder ist es bloß auf gewohnte Art belanglos schräg österreichisch? Jedenfalls: Das ist die Realität. Das Problem ist nur: Das ist sie *nicht*! Es ist in Wahrheit bloß das, was *da* ist und sich verbreitet, in den Medien, in unseren Köpfen und in unseren Reflexen. Beinahe hätte ich geschrieben: Reflexionen, nein, nein! Reflexen!

In Wirklichkeit ist es – nein, nicht: ganz anders, sondern, viel ärger: *hinterrücks* ganz anders. Während nämlich die einen zunehmend verwirrt oder abgebrüht versuchen, diese drei Ebenen analytisch auseinanderzuhalten, andere wiederum davon gänzlich gelangweilt sind und lieber ein Taxi zum nächsten Event bestellen (gleichermaßen schick ist: »Bitte einen Inländer!« und »Bitte einen Ausländer!«), und wiederum andere – STOP! Keinen »sozialistischen Realismus«! – jedenfalls: während geschieht, was wir glauben, daß geschieht, wird hinterrücks all dies aufgehoben und zugleich unterlaufen von einer Politik, die wir gar nicht bemerken, weil sie *nicht zugleich virtuell ist*, d. h. weil sie nicht zugleich Bestandteil des Medienspektakels ist.

Vor wenigen Tagen wurde im Parlament das Dritte Budgetbegleitgestz verabschiedet. Woran denken Sie, wenn Sie hören oder lesen »Drittes Budgetbegleitungsgesetz?« Na eben. Nichts. Nichts von Interesse. Nichts, was Sie betrifft. Und wenn Sie dieser seltsamen Minderheit angehören, die sich für Kunst, Kultur, Meinungsfreiheit und -vielfalt und dergleichen »Orchideenthemen« interessieren, dann ist »Drittes Budgetbegleitungsgesetz« erst recht für Sie nebbich. Tja, so hinterfotzig kann die Realität sein, wenn sie abseits der *virtuellen* Realität ganz handfest funktioniert. Das sogenannte »Dritte Budgetbegleitungsgesetz« wird nämlich rund 160 österreichische Zeitschriften ausradieren (in Worten: einhundertsechzig verschiedene Zeitschriften), die nicht realistisch genug sind, dem irrealen Mainstream zu entsprechen. Dieses so unscheinbare sogenannte »Dritte Budgetbegleitungsgesetz«, das tatsächlich im Parlament beschlossen worden ist, regelt nämlich auf neue Weise die Zuerkennung von Geldern aus dem Topf der Publizistikförderung. Und es heißt deshalb nicht »Neues Presseförderungsgesetz« oder »Novelle zum Gesetz für Publizistikförderung«, weil mit diesem Gesetz der Tod von zahllosen alternativen bzw. »unbotmäßigen« österreichischen Zeitschriften selbstverständlich vorausgesetzt und daher als Ersparnis für das Budget bereits einkalkuliert wird.

Mit anderen Worten: Während der real regierende Kanzler über die Möglichkeit von restriktiverer Medienförderung zu delierieren *scheint* , und der virtuell regierende Oppositionspolitiker erst Restriktionen anzudrohen *scheint* , wird all dies wirklich beschlossen, wird Gesetz, wird Realität, und wir merken es nicht – weil es *nur* wirklich ist.

Warum wird mir nun vom *profil* ein Text von Jörg Haider zugeschickt, und zwar jenes Kapitel seines neuen Buches, das sich mit »Kultur, Kunst, den Intellektuellen und den Medien« auseinandersetzt, »mit der Bitte um einen Kommentar« – und warum nicht der Text des »Dritten Budgetbegleitungsgesetzes« mit der Bitte um einen Kommentar? Warum ist das »Jenseits« in Österreich immer interessanter als das Diesseits, die Nur-Realität? Was interessiert mich der virtuelle Dr. Jekyll Mr. Haider, wenn es real Verantwortliche für wirkliche Abgründe in diesem Land gibt? Wozu orakeln über einen Nebel, der aus einem wirklichen gesellschaftlichen Riß aufsteigt, den wir aber vor lauter Nebel gar nicht sehen?

Ich habe Haiders Buch gelesen, und es ist unmöglich, mit einem Kommentar dieser Lektüre ein Kommentar-Honorar zu verdienen. Das Buch ist gedanklich dürftig, im Grunde die alten Ressentiments, die, um etwas »staatsmännischer« zu wirken, ein wenig langweiliger formuliert sind. Es ist voller unproduktiver Widersprüche, wie sie bis zum Gähnen von allen populistischen politischen Konzepten bekannt sind (den einen wird mehr Deregulierung, den anderen wieder mehr Regulierung versprochen etc.). Es ist dort, wo es analytisch zu sein versucht, buchstäblich »jenseits«, wie es der Titel verspricht. Und vor allem: Es ist unglaublich schlecht geschrieben. Es ist so bestürzend schlecht geschrieben, daß ein Verdacht aufkommt: Ist es möglich, daß sich Haiders Lektor Sichrovsky bei Österreichs Intellektuellen wieder anzubiedern versucht, indem er Haider als Analphabeten hinstellt?

Aber ich will nicht spekulieren. Tatsache ist, daß man eine Renzension dieses Buches in einem einzigen Satz schreiben kann: »Als ich nach der Lektüre von Haiders Buch das Fenster öffnete, um zu lüften, sah ich, daß es regnete – auch das noch!«

Aber nein, Sie wollen noch Beispiele? Es geht um Haider, und das ganselt Sie so auf, daß Sie noch mehr wissen wollen? Das »Dritte Budgetdings« – wie hieß das doch gleich? – schon wieder vergessen? Aber mehr Haider? Bitte.

So orginell ist Haider: »Mit dem Tod von Jean-Paul Sartre ist auch der letzte europäische Intellektuelle gestorben. Was danach kam, sind Kleinkrämer mit Beamtenmentalität.«

Ministerin Eleonora Hostasch (SPÖ): »Die Künstler sind wie die Beamten. Jetzt sind sie gegen uns, weil wir sie nicht mehr mit der Gießkanne fördern tan.«

Was ist der Unterschied zwischen »Beamtenmentalität« und »wie die Beamten«? Der Unterschied ist: Hostasch ist Regierungsmitglied, sie trägt, im Unterschied zu Haider, allerdings genauso unorginell und ahnungslos wie er, politische Verantwortung.

Ach ja, noch einen Unterschied gibt es. Die Formulierung »mit der Gießkanne fördern tan« hat etwas spontan poetisches, ich könnte mir vorstellen, daß Ernst Jandl ein wunderbares Gedicht daraus machen könnte. Aber der Satz »Mit dem Tod von Sartre ist der letzte europäische Intellektuelle gestorben« ist bloß ein unfreiwillig komisches Rätsel, das zu lösen wenig Gewinn bringt: Sartre ist also, so Haider, gestorben. Mit seinem Tod, so Haider, ist auch der letzte europäische Intellektuelle gestorben. Was aber heißt »mit seinem Tod«? Heißt das »gleichzeitig mit Sartre ist der letzte europäische Intellektuelle gestorben«? Oder hat es mehr kausale Bedeutung? – »Weil Sartre starb, war der letzte europäische Intellektuelle so bestürzt, daß er auch gleich starb« – heißt es das? Wie auch immer. Warum aber verrät Haider nicht den Namen dieses »letzten europäischen Intellektuellen«, der »mit dem Tod von Sartre« starb?

So geht es dem Leser bei fast jedem Satz von Haiders Buch. Und wenn Sätze einmal nicht irrtümlich rätselhaft sind, dann sind sie schlicht dumm, wie zum Beispiel, daß die österreichischen Künstler allesamt »kritiklose Ja-Sager (sind), die sich in den Vorzimmern der Regierungsmitglieder besser auskennen als in ihren eigen Arbeitszimmern«. Ach, wie es mich langweilt, Sätze zu lesen wie: »Angeblich weltberühmte Bildhauer schlagen sich mit Aufträgen von sozialdemokratischen Bürgermeistern durchs Leben«. Spannend wäre gewesen, wenn Haider die angeblich weltberühmten Bildhauer und die sozialdemokratischen Bürgermeister aufgelistet hätte. Sind es sieben? Oder gar dreiundzwanzig? Oder ist Österreich bereits so verkommen, daß sage und schreibe über fünfzig sozialdemokratische Bürgermeister alle drei angeblich weltberühmten österreichischen Bildhauer über Wasser halten?

Am besten gefällt mir in Haiders Buch der erste Satz des Kapitels über die Kunst. Er lautet: »Um ehrlich zu sein«. Dieser Satz macht die Lektüre der restlichen Kapitel dieses Buches natürlich obsolet, und was in diesem Kapitel nach diesem Satz folgt, ist ein Desaster.

Und dann gibt es nicht einmal Ankündigungen. Dieser Mann, der wöchentlich via *News* inseriert, daß er Kanzler nicht nur werden will, sondern auch werden wird, macht nicht einmal Ankündigungen, die es einem aufmerksamen Leser ermöglichen würden, dereinst sagen zu können: »Ich habe Haiders Buch gleich gelesen und bereits damals alles gewußt«. Nichts dergleichen, dieses Buch ist als Machwerk nicht einmal mit *Mein Kampf* zu vergleichen ...

Angeblich gibt es Haider ja wirklich, aber wirksam ist er nur deshalb, weil er seine Unwirklichkeit so besonders geschickt kultiviert, seine mediale, also virtuelle Omnipräsenz. Aber so allgegenwärtig er ist, in der Gegenwart greifbar ist er nie – er winkt aus der Vergangenheit, scheint dann wieder aus der Zukunft zu grüßen, und während wir wie bei einem Tennismatch rechts-links rechts-links rechts-links blicken, Vergangenheit-Zukunft Vergangenheit-Zukunft, übersehen wir völlig, was diejenigen tun, die gegenwärtig wirklich Verantwortung tragen, für unsere Nur-Wirklichkeit. Müssen wir, rechts-links rechts-links rechts-links, wirklich so jenseits sein?

# Der Kampf der Kulturen

Unlängst wurde der jüdische Friedhof in Gmunden verwüstet. Der Zeitung war zu entnehmen, daß die Staatspolizei ermittelte und schließlich »beruhigte: Die Vandalen hatten kein politisches Motiv«. Punkt, Ende des Artikels. Man muß jetzt gar nicht über die unendlichen geschichtsphilosophischen Abgründe des Satzes, daß die Vandalen kein politisches Motiv hatten, räsonieren, es genügt vollauf, den Satz so zu nehmen, wie er gemeint war, um augenblicklich zahllosen, zunächst sehr verwirrenden Fragen nachzuhängen: Antisemitismus ist kein politisches Motiv? Rassismus hat keine politischen Implikationen? Neonazismus ist kein politisches Programm? Gibt es Menschen, die jüdische Friedhöfe schänden, ohne Antisemiten zu sein? Ja, einige ihrer besten Freunde sind sogar Juden? Gibt es Menschen, die ausrücken, um auf dem jüdischen Friedhof Grabsteine mit Runen und Hakenkreuzen zu beschmieren, aber sich vorher noch an den Händen fassen und einander feierlich schwören, dabei ja kein politisches Motiv zu haben? Und die Staatspolizei findet es *beruhigend*, wenn sie bei ihren Ermittlungen solche Menschen ausforscht? Waren die Staatspolizisten richtiggehend erleichtert, als die Täter das Geständnis ablegten, daß sie kein politisches Motiv hatten? Oder sind die Täter, den Ermittlungen zufolge, nur subjektiv Antisemiten, aber nicht objektiv, etwa weil sie noch dümmer sind als die Antisemiten schlechthin? Oder verhält es sich umgekehrt, und die Täter sind nur objektiv Antisemiten, aber nicht subjektiv, und leider ist man ihrer nur als Subjekte habhaft geworden? Aber vielleicht ist das alles viel zu sophistisch, und die Erkenntnis, daß einer kein Antisemit ist, nur weil er einen jüdischen Friedhof verwüstet, ist nichts anderes als die logische Fortsetzung des Zilkschen Verdikts, daß eine Zeitung noch lange nicht antisemitisch ist, nur weil antisemitische Artikel in ihr erscheinen.

Aber versuchen wir einmal, diese Prämisse ernstzunehmen und aus der Reflexion aktueller Ereignisse keinen historischen Kostümschinken zu machen: Nein, ein Wiener Bürgermeister oder Ex-Bürgermeister, der dröhnend verkündet, daß er bestimme, wer ein Antisemit sei und wer nicht, ist *kein* Neo-Lueger. Nein, wer heute einen jüdischen Friedhof schändet, ist *kein* Neo-Nazi. Versuchen wir, was heute geschieht, als heutig zu begreifen und nicht als Wiederholung der Geschichte, denn es ist keine Farce und auch noch keine Tragödie. Was ist es dann? Was könnten die zeitgenössischen, von der Geschichte gleichsam erlösten Motive für die Schändung eines jüdischen Friedhofs sein?

Wechseln wir von der Staatspolizei und dem Innenministerium, wo wir nur erfahren, welche Motive die »Vandalen« *nicht* hatten, zum Verteidigungsministerium, das uns ebenfalls darüber informiert, daß »die ideologischen Kämpfe in Europa zu Ende« seien, aber dankenswerterweise auch hinzufügt, durch welche Motive die politischen heute abgelöst wurden: durch kulturelle!

Dies ist einem neuen Plakat (»Kampf der Kulturen. Nach S. Huntington«) und begleitenden Textbroschüren des österreichischen Verteidigungsministeriums zu entnehmen: Nach dem Ende des Kampfs der politischen Systeme breche nun ein »Kampf der Kulturen« aus, für den das Bundesheer sich rüsten müsse. In den »verschiedenen Wertauffassungen der unterschiedlichen kulturellen Identitäten« stecke ein enormes Konfliktpotential, das heute zum Motiv für alle großen Auseinandersetzungen geworden sei, bis weit in das 21. Jahrhundert hinein. Österreich sei zum Beispiel wesentlich von »Gegenreformation und Aufklärung« geprägt, also von kulturellen Erfahrungen, die jene, die sie nicht haben, natürlich nicht ruhen lasse. Etwa die Toten auf dem jüdischen Friedhof von Gmunden. Denn, und das kann man zweifellos sagen, ohne ein Antisemit zu sein, die jüdische Identität ist nicht unbedingt positiv von der Erfahrung der Gegenreformation geprägt.

Das österreichische Verteidigungsministerium kennt da, eigentlich untypisch für Österreich, keine faulen Kompromisse. So wird zum Beispiel auch Griechenland zu den kulturellen Feinden gezählt. Die Wiege der Demokratie? Gut und schön, aber weit und breit keine Gegenreformation. Und die Aufklärung? Was ist schon die gesamte griechische Philosophie gegen die Aufklärungsarbeit, die die österreichische Staatspolizei zu leisten versteht? Griechenland wird daher mit oder ohne Kümmel den Türken zugeschlagen, den orthodoxen Horden – so unorthodox ist Österreich, womit einmal mehr der kulturelle Unterschied schlagend bewiesen ist.

Leider ist vom Verteidigungsministerium noch keine Stellungnahme dazu erfolgt, daß die griechische Stadt Thessaloniki zur Kulturhauptstadt Europas ernannt worden ist. Aber vielleicht wurde Minister Fasslabend erst jetzt von Kurt Waldheim darüber aufgeklärt, daß Thessaloniki, wo unter türkischer Herrschaft mehr als die Hälfte der Bewohner Juden waren, heute weitgehend judenfrei ist ...

Was haben die Marxisten in den 60er und 70er Jahren geschuftet, um den analytischen Nachweis zu erbringen, daß es eine gesellschaftliche Totalität gibt, in der alle Phänomene ihren logischen Grund haben und zugleich zueinander vermittelt sind. Kaum haben wir uns an den Gedanken gewöhnt, daß der Totalitätsbegriff angesichts der Inkohärenz der Welt vielleicht doch unbrauchbar ist, liefert die österreichische Realität eine plötzliche Rehabilitation dieser theoretischen Anstrengungen. Kulturell ordnet sich alles zu einem Ganzen, von dem kein Faden weghängt. Zum Beispiel Wolfgang Schüssels Frühstücksgespräche: Sind sie nicht viel mehr ein Zeichen österreichischer Kultur als ein individueller Ausrutscher? Worin unterscheiden sie sich denn von Fasslabends Informationskampagne? Doch höchstens darin, daß Schüssel – sagen wir – kulturelle Identitätsunterschiede an einzelnen Vertretern anderer Nationen festmacht, während Fasslabend sich gleich auf die Nationen insgesamt bezieht.

Oder Peter Wittmann: personifiziert der Kunststaatssekretär nicht idealtypisch die These, daß die ideologischen Konflikte durch kulturelle abgelöst wurden? In ideologische Konflikte war noch sein Vorgänger Rudolph Scholten unausgesetzt verwickelt, aber Wittmann löst mit bloß einem Interview im *Standard* eine wochenlange Kulturdebatte aus.

Hätte man Wittmanns Äußerungen, so wie früher, *politisch* diskutiert, wäre die Debatte nach einem Tag zu Ende gewesen und in ein tagelanges Gelächter übergegangen. *Kulturell* aber, also etwa im Licht der Gegenreformation, erklärt sich natürlich der anhaltende Ernst der Debatte. Immerhin setzt das Interview mit der Frage ein, ob sich Wittmann nun gegen 27 Jahre sozialdemokratische Kulturpolitik stelle. Seine Antwort beginnt mit »Nein. Aber«. Was dann folgt ist in seiner blumigen Widersprüchlichkeit nur deshalb etwas leichter zu interpretieren als ein zenbuddhistischer Text, weil Wittmann letztendlich doch irgendwie unserem Kulturkreis (nach S. Huntington) angehört, also können wir verstehen, daß dieses »Nein. Aber« natürlich Ja bedeutet. Wieso stellte keiner die Frage, warum wir uns mit Hilfe eines Sozialdemokraten von sozialdemokratischer Kulturpolitik verabschieden sollen, und nicht mit Hilfe anderer Parteien von sozialdemokratischer Politik insgesamt, zumindest für eine Weile, was nach 27 Jahren hoch an der Zeit wäre? Weil es nicht mehr um Politik geht, sondern nur noch um Kultur? Wie sieht nun Wittmanns »radikaler Kurswechsel« aus? Er will fünf bis sechs Stiftungen einrichten, um die Kunstförderung aus der Staatsbürokratie auszulagern. Da Wittmann wohl kaum die Pointe liefern wird, diese Stiftungen personell mit ebenjenen Beamten zu besetzen, die schon bisher mit Kunstförderung betraut waren, andererseits diese Beamten wohl auch kaum entlassen wird können, kündigt Wittmann also nichts Geringeres als die Verdopplung der bürokratischen Kosten der Kunstförderung an. Allerdings schickte er voraus, daß in Zukunft weniger Geld zur Verfügung stehen werde. Für die Kunst selbst wird es durch diese bürokratische Parallelaktion logischerweise noch weniger. Dieses wenige Geld soll dann auch nicht mehr mit der Gießkanne in 15.000er-Tropfen vergossen, sondern an »nur sehr wenige« Künstler ausgeschüttet werden –

wie wenige? Fünf bis sechs? Pro Stiftung ein Künstler? Und wieviele Posten pro Stiftung? Bisher, so Wittmann, seien »zuviele«, im nächsten Satz gleich »alle« subventioniert worden, »damit sie ruhig bleiben«. Wie ruhig? Friedhofsruhig? Warum ist denn die Friedhofsruhe der österreichischen Kunst regelmäßig z. B. von der nicht-antisemitischen Zeitung gestört worden (die aber, nur deshalb weil kunstfeindliche Artikel in ihr erscheinen, noch lange nicht kunstfeindlich ist)? Mit dieser Ruhe soll jedenfalls Wittmann zufolge jetzt Schluß sein. Er will eine »Künstlerliste« anlegen, die er »sehr breit« fassen möchte – auf der also die vielen draufstehen, die vorher so ruhig waren und die auch nicht durch eine eigene Stiftung beunruhigt werden können –, und jeder Österreicher, der diesen Künstlerlistenkünstlern etwas abkauft, soll vom Staat »ein zinsgestütztes Darlehen« bekommen. Na das wird eine produktive künstlerische Unruhe geben, die Transformation des Kunststaatssekretariats in einen Kreditschutzverband. Das ist tatsächlich eine geniale Interpretation der österreichischen Kultur: Nicht mehr den Künstlern Geld zu geben, sondern all jenen Kredite, die es sich antun wollen, Kunst zu rezipieren ...

Franz Morak (ÖVP) ist von Wittmanns »Grundsatzerklärungen« begeistert. Madeleine Petrovic (Grüne) »empfand Genugtuung«, da Wittmann grüne Vorschläge aufgegriffen habe. Heide Schmidt (LiF) zeigte sich »angenehm überrascht«, daß Wittmann liberale Vorschläge übernommen habe. FPÖ-Kultursprecher Michael Krüger zollte Wittmann »Beifall«, weil dieser freiheitliche Vorstellungen umsetze. Wittmann hat also tatsächlich geschafft zu zeigen, was just zu Beginn der Fasslabendschen Kulturkampfkampagne zu beweisen war: Alle politischen Differenzen heben sich letztlich in *einer* kulturellen Identität auf.

Österreich ist also kulturell gerüstet. Jetzt wird es ein leichtes sein, Wittmanns schönsten Traum zu verwirklichen: nämlich »die Künstler, die Chancen haben, sich durchzusetzen« mit seiner Hilfe wirklich »auf dem Weltmarkt zum Durchbruch zu verhelfen« – bei den weißrussischen und griechischen Kümmeltürken und bei den holländischen Trotteln und bei den deutschen Säuen und ...

## Die Geschichte vom Haus der Geschichte

Unlängst feierte die politische Elite der Zweiten Republik weihrauchschwingend und selbstverliebt den achtzigsten Jahrestag der Gründung der Ersten Republik. Ich kann mich nicht erinnern, daß die Gründung der Ersten Republik jemals in den letzten zwanzig Jahren zum Anlaß für solch emphatische staatliche Feierstunden genommen worden wäre. Die SPÖ hatte aus »Anschluß«-Betreiber Renner ein Institut gemacht und die ÖVP aus dem Republik-Killer Dollfuß einen patriotischen Ölschinken in ihrem Parlamentsklub. So hatten diese beiden staatstragenden Parteien ihre je eigene Tradition und zugleich deren Aufhebung, konnten von Anfang an »alte Parteien« und zugleich »Neues Österreich« sein. Darüber hinaus gab es in der Zweiten Republik kein Interesse mehr, eine »republikanische Geschichte« zu feiern, die, recht besehen, den Anspruch der Zweiten Republik nur unterlaufen hätte. Bekanntlich hieß die Erste Republik »Deutsch-Österreich« und ihre Gründungsidee war die möglichst rasche Selbstauslöschung durch einen Anschluß an Deutschland. Die Gründungsidee der Zweiten Republik war das genaue Gegenteil: nämlich einen dauerhaften, stabilen, souveränen Staat zu schaffen. In welchem Zustand befindet sich die Zweite Republik, wenn sie sich jetzt plötzlich in der Republik, die keiner wollte, spiegeln will? Leider in genau diesem: Die Erste Republik endete mit der Selbstausschaltung des Parlaments, die Zweite Republik begann sehr bald mit der Ausschaltung des Parlamentarismus (durch die Sozialpartnerschaft, einem Erbe des Ständestaats). Die erste Republik hieß »deutsch« , und am Ende war es nicht so gemeint, die Zweite Republik heißt »demokratisch« und es ist nicht ganz so gemeint. Die Erste Republik konnte und wollte sich nicht wehren gegen mächtige antidemokratische Entwicklungen, und die Zweite verhält sich nicht nur wehrlos, sondern sogar komplizenhaft in Hinblick auf antidemokratische Entwicklungen (z. B. die in zivilisierten demokratischen Staaten einzigartige Medienkonzentration). Die Erste Republik fühlte sich als Opfer der Geschichte, maßlos bestraft, die Zweite Republik pragmatisierte sich als Opfer der Geschichte, um im Schutz dieser Pragmatisierung der Bestrafung zu entgehen. Das alles und noch viel mehr arbeitet unausgesetzt weiter, ohne aufgearbeitet zu werden.

Im Lauf eines halben Jahrhunderts hat dieses Land sich daran gewöhnt, die Fesseln seiner Geschichte als Verband für die Wunden der Vergangenheit zu empfinden. Sie aber abzuwerfen war undenkbar, und erst recht undenkbar war, sie zumindest mit halb so großem Interesse und annähernd so avancierten Methoden wissenschaftlich zu untersuchen wie den Penis des Similaun-Manns.

Geschichte – das war in diesem Land schon virtuell, als es den Begriff »virtuell« noch gar nicht gab, ein unwirkliches Spiel mit wirklichen Empfindungen. Unlängst verbrachte ich wegen Dreharbeiten für einen Film über Österreich einen Tag in Bad Ischl, saß schließlich im Café Zauner und blätterte mit der Filmcrew das Gästebuch dieses berühmten Kaffeehauses durch. »Ich erinnere mich immer sehr gerne an Ischl und das Zauner« – Unterschrift: Dr. Kurt Waldheim. Die Eintragung datiert exakt aus der Zeit seiner Wahlkampagne, in der er unausgesetzt mit seinen Erinnerungslücken konfrontiert war. Zynismus? Nein, ich glaube nicht. So war es wirklich. Zumindest in der virtuellen österreichischen Realität. »Seine Majestät, Bruno I., Kaiser von Mallorca«. So unterschrieb Bruno Kreisky unmittelbar nach jener Wahl, bei der er die absolute Mehrheit verlor, worauf er schließlich zurücktrat. Zynismus? Nein. So war es wirklich. Zumindest in der virtuellen österreichischen Realität. Da zeigte Kreisky seine wahre Maske.

Die letzte Eintragung in diesem Gästebuch stammt von Andreas

Khol, unterschrieben mit »Andreas Khol, Klubobmann der ÖVP«. Schon diese Unterschrift zeigt präzise das Verhältnis, das jene zur Geschichte haben, die heute in Österreich Geschichte machen: Sie gehen ganz selbstverständlich davon aus, daß auch sie einmal dem kollektiven Vergessen anheimfallen werden: Schon in wenigen Jahren könnte einer, der das Gästebuch durchblättert, fragen: »Andreas Khol? Wer war das?«, also wird an die Unterschrift gleich die politische Funktion angefügt, die er dereinst ehemals besessen haben wird. Dadurch wird man sich vielleicht erinnern – und nur noch vergessen haben, wofür dieser Mann einst stand, was er tat und was er verhindert hat. Das ist die Form der Erinnerung, die man sich in diesem Land erhofft. Namen, Funktionen und Begriffe sollen nicht Auslöser von Erinnerung sein, sondern ihr Ersatz, sichtbare Tünche auf dem Vergessenen. Darum wurde auch der Jahrestag der Gründung der Ersten Republik so gefeiert, als wäre bloß ein Begriff zu feiern: »Republik«. Besinnen und Bedenken ist in Österreich immer das Lose, das abblättert vom Besinnungs- und Bedenkenlosen.

Bekanntlich hat der Vorstand der CA, als die historische Kollaboration dieser Bank mit den Nazi-Verbrechen bekannt wurde, es selbstverständlich abgelehnt, die Archive zu öffnen und mit jenen zusammenzuarbeiten, die dieses historische Kapitel aufarbeiten möchten. Warum fiel dem CA-Vorstand nichts anderes ein als die gebetmühlenartige Wiederholung des Satzes »Wir lassen uns nicht erpressen!«? Die Männer der CA sind »Nachgeborene«, sind kraft ihres Geburtsdatums unschuldig. Warum überfällt sie Panik, wenn sie mit Geschichte konfrontiert werden, warum identifizieren sie sich eher mit den historischen Tätern als mit den zeitgenössischen Fragen an die Geschichte? Aus einem einfachen Grund: Sie haben es nicht anders gelernt. Das, was sie nicht anders gelernt haben, ist, was man in Österreich eben lernt.

Dies alles und alles das, was man jetzt bis zum Erbrechen weiterassoziieren kann, würde es mehr als rechtfertigen, endlich ein »Haus der Geschichte« zu gründen, das die Gewordenheit Österreichs nicht nur wissenschaftlich aufarbeitet, sondern auch auf der Basis internationaler Standards, die man von vergleichbaren internationalen Institutionen kennt, gesellschaftlich vermitteln kann. Bis vor kurzem schien der Gedanke, Österreich könne Fußballweltmeister werden, weniger utopisch als der Gedanke an solch ein österreichisches Haus der Geschichte – bis plötzlich die Diskussion darüber begann, wie man künftig das Palais Epstein nutzen könne, aus dem der Wiener Stadtschulrat demnächst ausziehen wird. Auf einmal schien alles so einfach, so logisch, so naheliegend. Ein Gebäude, das auf Grund seiner eigenen Geschichte und gleichzeitig wegen seiner topographischen Lage ideal und wie geschaffen für solch eine Institution und ihre wünschenswerte Wirksamkeit schien. Eine große Bank erklärte sich bereit, das Gebäude zum Marktwert zu kaufen und für einen symbolischen Betrag dem Bund für solch eine Institution zu vermieten. Anton Pelinka verfaßte ein Konzeptpapier, das dem Projekt nicht nur eine erste inhaltliche Fundierung gab, sondern auch keinen Zweifel daran ließ, daß es ebenso absolut wünschenswert wie auch überraschend einfach machbar wäre. Und Leon Zelman, der Vater dieser Idee, wurde einige Tage lang für diese Idee von politischen Würdenträgern umarmt und geküßt. Welcher Politiker will schon – nach 1986 – explizit sagen: »Geschichte? Haben wir nicht. Kennen wir nicht. Brauchen wir nicht.«

Auch Parlamentspräsident Heinz Fischer bezeichnete ein »Haus der Geschichte« als »Desiderat« – und besorgte sich blitzschnell in der Präsidiale des Parlaments die Zustimmung aller fünf Parlamentsfraktionen dafür, daß es im allzu naheliegenden Palais Epstein garantiert nicht verwirklicht wird. So glaubt er, einerseits jenen zu gefallen, die dafür sind, und gleichzeitig jenen dienstbar zu sein, die dagegen sind. So kann er vorführen, daß ihm die Hände gebunden sind, während er sie in Unschuld wäscht, weil er doch gesagt hat, wie gerne er mitzupacken würde.

Heinz Fischer ist ein besonders langgedienter Parlamentarier – der nie in seiner parlamentarischen Karriere dafür auffällig geworden wäre, daß er sich für eine Stärkung des Parlamentarismus und gegen die Entmachtung des Parlaments durch die Sozialpartnerschaft eingesetzt hätte. Und just als die Sozialpartnerschaft aus verschiedenen Gründen endlich in eine veritable Krise kam, wurde ausgerechnet dieser Mann Parlamentspräsident, ein Mann, der auf Grund seiner eigenen politischen Geschichte die Krise der Sozialpartnerschaft gar nicht als Chance für den Parlamentarismus in Österreich begreifen konnte und wollte. Und ausgerechnet dieser Mann will sich jetzt – nach links blickend und nach rechts blickend bis als statistisches Mittel ein leeres Nicken übrigbleibt – als Parlamentarier ein Denkmal setzen, indem er dem auch durch seine eigene Komplizenschaft entmachteten Parlament in Steinwurfnähe zum Parlament mehr Büroräume verschafft.

Und die Klubobleute aller fünf Parlamentsfraktionen haben dem zugestimmt. Einhellig. Wie gesagt: Keiner würde es je wagen, sich öffentlich gegen ein »Haus der Geschichte« auszusprechen. Aber sie zeigen mit jedem Wort, daß sie die Notwendigkeit von mehr parlamentarischen Arbeitsräumen besser verstehen als die Notwendigkeit von gesellschaftlichen Aufarbeitungsräumen. Sie zeigen zwar mit jedem Wort unfreiwillig die Notwendigkeit eines »Hauses der Geschichte«, aber sie sind mit keinem Wort dazu zu bringen, dessen Notwendigkeit selbst freiwillig zu verstehen. Also wird die Ausweitung der Parlamentsbürokratie mit verblüffender Schnelligkeit durchgezogen und nebenbei ein »Haus der Geschichte« so lange als »wünschenswert« bezeichnet, bis es nicht mehr machbar sein wird.

Andreas Khol, der dank des Zauner-Gästebuchs dereinst als »Klubobmann der ÖVP« in Ischler Erinnerung bleiben wird, führte vor, wie das geht. In einem Kommentar im *Standard* (vom 24. November 1998) schrieb er, daß ein »Haus der Geschichte« bzw. ein »Haus der Toleranz« natürlich sehr wünschenswert sei – aber: wenn dem so ist, wäre es dann nicht doppelt wünschenswert, gleich zwei Häuser zu haben? Der gelernte Österreicher versteht: Wenn schon die Forderung nach *einem* Haus ein Problem ist, dann ist der Vorschlag, doch gleich *zwei* Häuser zu fordern, der bloße Versuch, dieses Problem endgültig unlösbar zu machen. Erst recht, wenn man liest, wie sich Khol diese beiden Häuser vorstellt: das eine, das »Haus der Toleranz« soll die Verbrechen an den Juden aufarbeiten, und das andere, das »Haus der Zeitgeschichte«, soll stolz die Erfolge der Zweiten Republik ausstellen. Er will also ein Kritikhaus und ein Jubelhaus. Das Kritikhaus kann natürlich »nicht standortgebunden« sein, da wird sich schon was finden an der Peripherie. Und wer soll das bezahlen? Das Kritikhaus soll, so Khols Vorschlag, »eine zeitgeschichtlich interessierte Sponsorengemeinde« finanzieren – das ist das eleganteste Synonym für »die alten Geldjuden«, das ich je gelesen habe –, während das Jubelhaus »ein Projekt der Bürgergesellschaft« wäre – also natürlich der öffentlichen Hand.

Dickes Lob von der *Kronen Zeitung*. Staberl hatte Khol sehr gut verstanden. Es könne, so Staberl, nicht so weitergehen, daß »die Juden mit der einen Hand wild gestikulierend historische Verbrechen anprangern, während sie die andere Hand für allfällige Entschädigungen aufhalten.«

Welche Blindheit ist da am Werk, wenn Fischer und Khol solche Sätze Staberls einfach als Zustimmung und Lob empfinden statt als Skandal? Welche Verblendung hat diese Volksvertreter erfaßt, wenn sie sich darüber still freuen, daß sie wieder einmal massenmedial gepunktet haben, statt sich laut und deutlich gegen diesen expliziten Antisemitismus und Rassismus auszusprechen? Warum nehmen sie diesen massenwirksamen Alltagsfaschismus nicht zum Anlaß, jetzt erst recht für das »Haus der Geschichte«/«Haus der Toleranz« im Palais Epstein einzutreten, das, nach den vorliegenden Konzepten, die Aufgabe und auch die Möglichkeit hätte, künftige Generationen auch gegen eben diesen fortwirkenden österreichischen Alltagsfaschismus zu impfen? Warum finden sie es selbstverständlicher und natürlicher, neben dem Lueger-Ring zu sitzen, als neben einem »Haus der Toleranz«?

Und die kleinen Oppositionsparteien? Warum verstehen nicht wenigstens sie, welche Chance sich auftat, und wie erbärmlich die Art ist, mit der sie zunichte gemacht wird? Sie verstehen es nicht. Von den Liberalen war keine deutliche Stellungnahme zu erhalten, bloß der Hinweis, daß die Debatte über ein »Haus der Geschichte« im Palais Epstein nicht nachvollziehbar sei. Und Andreas Wabl von den Grünen sagte zu mir: »Wenn wir jedes Haus, das irgendwann einmal von einem Juden gebaut worden ist, heute irgendwelchen antifaschistischen Institutionen geben, dann können wir selbst bald überall ausziehen!«

Ein »Haus der Geschichte« wäre nicht zuletzt auch ein Ort, an dem man produktiv, analytisch und gesellschaftlich wirksam darüber nachdenken könnte, warum solche Sätze »passieren«, wenn man in Österreich nur über ein »Haus der Geschichte« zu diskutieren beginnt. Aber vielleicht wäre es tatsächlich die einzig schlüssige Vollendung dieser Debatte über ein »Haus der Geschichte«, wenn wir sie wieder vergessen. Wenn wir stolz, selbstbewußt und glücklich der Welt vorführen, was wir am besten können: vergessen.

# Es wäre nicht Wien,
## wenn es wäre, wie es scheint

Ich arbeite in einem Bordell. Das Bordell ist kein Bordell mehr, man kann lediglich sehen, daß es eines gewesen ist. Allerdings nur, wenn man es weiß. Wer dieses Haus betritt und dessen Geschichte nicht kennt, kommt nie auf die Idee, ein ehemaliges Freudenhaus zu betreten. Aber er kommt auch nicht auf keine Idee. Wer hier eintritt, stutzt. Bleibt stehen und schaut. Sucht nach Worten. Noch keiner ging jemals achtlos die Stiegen hinauf, und keiner sagte bloß: »Oh, hübsch!« oder »Interessantes Stiegenhaus«. Noch jeder fügte hinzu: »Da war doch etwas. Was war da?« Dieser Ort hat eine Ausstrahlung, einen Schein, dessen Sein man augenblicklich ergründen will. Woran denkt man? An ein Theater? Man denkt zuallererst an ein Theater. Ein Haus – gebaut für den Schein. Und ist doch augenblicklich wieder verwirrt: Wo ist oder wo war die Bühne? Hier ist das Parkett, da sind die Galerien, dort die Logen – aber wo die Bühne? War dieses Gebäude vielleicht gar die schrullige Idee eines Exzentrikers, der die Theateratmosphäre liebte, aber von Stücken nicht behelligt und von den Eitelkeiten der Schauspieler nicht gelangweilt werden wollte? Der also ein Theater ohne Bühne bauen ließ, wo das Publikum selbst zum Hauptdarsteller werden konnte?

Dann aber kippt die Assoziation und der Besucher denkt plötzlich erschrocken an ein – Gefängnis. Sollte hier vielleicht gar nicht ein Publikum im Mittelpunkt stehen, sondern Täter unter Aufsicht? Und führten die vielen Türen von den Galerien nicht in Logen, sondern in Zellen?

Ist die Wahrheit nicht bekannt, weil sie verdrängt oder vergessen wurde, dann zeigt sie sich immer noch in der Konstellation der Irrtümer zueinander: Denn was ist ein Bordell, wenn wir eine architektonische Metapher suchen, anderes als eine Mischung aus Theater und Gefängnis?

Ich beschreibe ein Haus in Wien, das Haus, in dem ich arbeite. Aber der Wienkenner weiß schon jetzt: Die Rede ist nicht von einem einzelnen Haus, sondern von ganz Wien. Denn wie kann man den Eindruck, den diese Stadt macht, anders beschreiben als mit einem Reigen dieser Begriffe: Theater und Gefängnis und verdrängte oder vergessene Geschichte. Schöner Schein, unklares Sein. Ein Publikum, das sich am liebsten selbst beobachtet und sich selbst applaudiert und dabei das Gefühl nicht losbekommt, in Wahrheit weggesperrt zu sein, nicht hinauszukönnen in das freie, das wirkliche Leben. Und was ist die Geschichte? Ihr roter Faden, nein: ihr ewiges rotes Licht ist die Erfahrung der Wiener, immer zu viel für ihre Potenzphantasien bezahlt zu haben, weil sie, als es darauf ankam, doch impotent waren – und dennoch schmierige Täter.

Dies ist die Geschichte dieses Hauses – en miniature die Geschichte Wiens in diesem Jahrhundert: Das Haus, in dem ich schreibe, befindet sich in der Girardigasse. Alexander Girardi war ein berühmter Volksschauspieler, zu seiner Zeit der Inbegriff populärer Theaterkunst. Sein Lebenstraum, an die bedeutendste deutschsprachige Bühne berufen zu werden, nämlich an das Wiener Burgtheater, erfüllte sich im Jahr 1918. Allerdings starb Girardi am 20. April desselben Jahres. Sein größter Triumph und sein Ende fielen in eins zusammen. Sein Todesdatum setzt sich aus zwei für die Geschichte Österreichs markanten Geburtstagen zusammen: An einem 20. April kam Adolf Hitler zur Welt, und im Jahr 1918 konstituierte sich nach dem Ende des Weltkriegs und dem Zerfall der alten Habsburger Monarchie die Erste österreichische Republik.

Geht man die leicht abschüssige Girardigasse hinunter zur Wienzeile, kommt man, links abbiegend, zum Theater an der Wien. Geht man die Girardigasse hinauf zur Lehargasse, stößt man auf das Semper-Depot, ein Gebäude, das zur Lagerung von Theaterkulissen errichtet worden ist. Heute befinden sich im Semper-

Depot Ateliers der Kunstakademie, aber an der Architektur läßt sich immer noch ablesen, wie genial die Wiener bei der Beantwortung der Frage waren: Wie können wir Vor-Wände lagern? Wie können wir die Kulissen, den schönen Schein, den wir im Moment nicht brauchen, einmotten, bis wir ihn wieder benötigen?

In der Girardigasse war dort, wo heute mein Haus steht, auf der Höhe von Nr. 10, in Girardis Todesjahr eine Baulücke. Begrenzt von einem windschiefen, lückenhaften Bretterzaun.

Die Girardigasse stößt, wie gesagt, auf die Wienzeile. Dort, am sogenannten Naschmarkt befand sich zu Beginn der Ersten Republik ein Strich. Es gibt zahllose Geschichten von der Genialität der damaligen Naschmarkt-Prostituierten: Den alleinstehenden Bürgern, die nach Vorstellungsende aus dem Theater an der Wien, oder den Arbeitern, die aus dem Ateliertheater strömten, gaben sie mühelos den Eindruck, daß die Realität eine unmittelbare Fortsetzung des jeweiligen Theaterstücks sei, und für die Bauern, die in der Nacht ihr Gemüse zum Naschmarkt lieferten, spielten sie »verruchte Großstadt«. Es gab das »warme« Hotel und das »kalte«. Das »warme« war das Hotel *Drei Kronen* in der Schleifmühlgasse, das »kalte« war das verwilderte kleine Stück Brachland hinter dem Bretterzaun in der Girardigasse.

Das war die Erste Republik. Abreaktionen, die nicht lange hielten. Beklommene Suche nach Erlösung. Kalt warm. Erwachen mit Selbsthaß. Suche nach dem Purgatorium. Das Leben wollte markig werden oder – wenn schon bigott, dann richtig. Und so fiel der Vorhang für die Erste Republik – Applaus! – und es fiel auch der Vorhang für den Naschmarktstrich. Der klerikalfaschistische katholische Ständestaat verbot die Straßenprostitution. Das war Ende 1934. Die beiden damals reichsten Zuhälter, ein gewisser Franz Kuchwalek (eigenartigerweise ebenfalls an einem 20. April geboren) und Adolph Girardi (bizarrerweise ein entfernter Verwandter des Schauspielers, nach dem die Gasse schließlich benannt werden sollte), taten sich zusammen und ließen in der erwähnten Baulücke ein Bordell bauen, das heutige Haus Girardigasse Nr. 10.

Dieses Gebäude war zu seiner Zeit revolutionär: Das erste Haus in Wien, das nicht zu einem Puff adaptiert, sondern bewußt als Bordell geplant und errichtet wurde. Eine Herausforderung für den leider unbekannten Architekten, der eine geniale, viel zu wenig gewürdigte Lösung fand. Eine Fassade, die nichts ist als dies: bloße Fassade. Nie würde man hinter dieser Schlichtheit und Ornamentlosigkeit, die Loos zitiert und die Zitate auch gleich wieder versteckt, irgendetwas vermuten, das anrüchiger wäre als der Schein kleinbürgerlicher Häuslichkeit. Eine Fassade, so unscheinbar, daß sie in dieser Lage – Theater links und Kulissendepot rechts – etwas bedeuten mußte. Wer dieses Haus betrat, trat aus dem Freien voller faschistischer Verbote in ein Inneres, das erst buchstäblich das Freie war, auch wenn es überdacht war: Hinter der kulissenhaften Fassade ein Hausflur wie ein kurzes verschwiegenes Gäßchen, das zu einem Platz führt, von dem ein so großartiger wie verzwickter Boulevard wegführt, der sich, weil es ein Innen-Boulevard ist, gerollt und gewunden in die Höhe schraubt, vier Etagen hoch, in jedem Stockwerk macht er einen eleganten Schwung, will sich ausbreiten, strecken, und muß doch wieder sich Stufen hochwinden und eine weitere Galerie bilden, mit einem schmiedeeisernen Geländer wie bei einer städtischen Straße an einem Fluß – kurz: die von Prostituierten gereinigte Wienzeile, die am Wienfluß entlangführt, wurde hinter der Kulisse eines biederen Wohnhauses gleichsam als »Wendel-Straße« neu aufgebaut und wieder mit Prostituierten bevölkert. Da standen sie auf diesen Galerien, und die Männer, die hereinkamen, mußten zu ihnen aufblicken. Draußen regierte ein faschistischer Führer, Engelbert Dollfuß, ein Zwerg, auf den Wien hinabblickte.

Aus dieser Zeit gibt es die schönsten Fotografien dieses Innen-Boulevards: sie zeigen schmerbäuchige Kutscher mit den Allüren von Grafen, die sich angesichts der sogenannten »Hübschlerinnen« genießerisch den Bart zwirbeln – und doch war damals schon beides nicht mehr wirklich wahr: sowohl die Kutscher als auch die Grafen. Anders als das öffentliche Verschwinden der Huren war das Verschwinden der Kutscher und Grafen definitiv, und nur dies sollte von dieser Zeit in dieser Stadt bleiben: das Verschwinden. Draußen fieberten die Wiener dem politischen »Anschluß« entgegen, und drinnen, im Inneren dieses Hauses, der physischen Verschmelzung – und alles wurde eins. Ein und dasselbe, vorexerziert im Haus Girardigasse 10: theatralisches Verschwinden, verschwiegenes Verstecken. Ob Kutscher oder Graf oder Arbeiter oder welcher Stand auch immer, alles verschwand 1938, nur scheinbar zwar, so wie zuvor die Huren, aber es verschwand, es verschwand im Volkskörper – ach, wie haben die Huren kurz zuvor noch gelacht über diesen Begriff »Volkskörper« – stehen soll er (hahaha!), wie ein Mann (hahaha!), der Volkskörper, der Befriedigung suchte, und der Kutscher, der längst kein Kutscher mehr war, sondern ein Nazi, sagte zur Frau Marie: »Ich bin der Volkskörper und du bist der Volksempfänger!« (hahaha). Alles verschwand und es blieben nur die Allüren, und den Allüren stehen die Uniformen immer noch am besten.

Als ich in dieses Haus einzog, lebte in der Wohnung nebenan ein gewisser Franz Gärtner, Oberwachtmeister in Ruhe, der hier eingezogen war im Jahr 1938. »Ach«, erzählte er, »wie haben wir sie mit nassen Fetzen hinausgejagt, die ungarischen Jüdinnen, die rumänischen Zigeunerinnen, die arbeitslosen böhmischen Dienstmädeln, das ganze syphilitische Gesindel ...!« Das Volk brauchte Raum, und in diesem Haus kann man lernen, welchen Raum diese Herren eroberten: Enge Zellen, die perfekt geplant waren zur so wohlfeilen wie kurzfristigen Befriedigung animalischer Gelüste, und nun sollten sie den Herren sehr teuer zu stehen kommen. Aber keine ist mehr zurückgekommen, die damals gelacht hätte: »Teuer zu stehen, ach so teuer ist es gar nicht, Schatzi, daß er steht« (Ha-)

So viele Achs, und nie wieder konnte es so werden, wie es war, es wurde bloß, was es schon zuvor nur zum Schein war: ein ganz normales Wohnhaus. Aber – noch ein vorläufig letztes: Ach! – wie könnte es wirklich werden, was es zu sein vorgibt? Keiner, der hier eintritt, kann denken oder gar empfinden: Alles normal!

Wien ist nicht die Stadt, als die sie errichtet scheint. Das Imperiale gehört keinem Imperium mehr, das Barocke keinem Phäakentum, das Biedermeier keinen sanften Idyllen, die Moderne keinen Modernisierern. So wie an den Galerien dieses Freudenhauses keine Lust wandelt.

Wien ist eine Stadt der Kulissen. Man kann nicht hinter alle blicken, aber vor fast allen kann oder muß man denken: Hier ist etwas gewesen. Was ist dahinter? Nichts. Vorne ist der Schein ohne Sein, dahinter das Sein ohne Schein.

Das ist das vorläufig letzte Kapitel dieses Hauses: Wer will schon wohnen in einem ehemaligen Bordell? Und wer die Geschichte nicht kennt, muß sie doch sehen: Kleine, enge Wohneinheiten, zu klein für eine Familie, zu eng sogar für ein elaboriertes modernes Singleleben. Diese Logen waren weder für Familien noch für einzelne gedacht, sondern für schnelle Akte zu zweit. Wie soll das als Wohnhaus funktionieren? Schneller wohnen? Heute haben vier Schriftsteller und zwei Maler hier ihre günstigen Ateliers, ein paar Studenten haben hier ihre »Startwohnung«, ein paar Alte wissen noch Geschichten, aber haben gelernt zu schweigen. Herr Gärtner ist lange tot. Ein Nachbar, ein frühpensionierter Alkoholiker, pendelt täglich ins vis-à-vis gelegene Café Sweet Dreams. Und, ach ja, da ist noch eine Nachbarin, eine engagierte Hauptschullehrerin und Alt-Achtundsechzigerin, die ich manchmal auf unserer Galerie treffe, dann blicken wir hinunter auf das Parterre ohne Bühne, und sie will mir eine Zeitung ohne Leser verkaufen, die heißt : »Die Linke«. Hier, in diesem Haus, muß es sein, daß ich sie kaufe. Eine schnelle, billige, zweifelhafte Befriedigung.

Dann schreibe ich weiter an meinem Roman, in dieser Zelle, in der man sich weggesperrt fühlt vom Leben, wie es scheint, und sich auf diesen wenigen Quadratmetern doch in der Welt fühlen kann, wie sie ist, zumindest in dieser seltsamen Stadt, in Wien.

## Heldenplatz remixed
### Über Kruder und Dorfmeister: *The K & D Sessions*

Ich kann über Kruder und Dorfmeister nicht so fachmännisch schreiben wie Sven und Gächter, auch kann ich über Musik, die mich begleitet hat, nicht so biographiegesättigt berichten wie Köhlmeier und Bilgeri, ich bin zuwenig musikalisch gebildet, um, etwas hörend, musikgeschichtliche Referenzen herauszuhören oder gar Orgien des Wiedererkennens zu feiern, und wenn doch, dann verleugne ich es sogar vor mir selbst: zum Beispiel wenn in allen Fußgängerzonen Europas in Ponchos gewandte Menschen, die vielleicht Simón und Gaspar heißen, vom Condor singen und an Simon und Garfunkel erinnern – korrekt wäre es schon seinerzeit umgekehrt gewesen. Dafür könnte ich allerdings auch nie ein so verqueres Doppel bilden wie Mann und Schönberg oder Adorno und Jazz oder Haslinger und Rap. Das ist vielleicht das einzige, was mich entschuldigt, wenn ich einmal »über Musik« schreibe: Ich bin musikalisch so naiv, daß ich unfähig bin, mich profund zu irren. Wenn man dem Satz zustimmt, daß ein Leben ohne Musik ein Irrtum sei, dann muß man auch anerkennen, daß Irrtümer, selbst mit Musikberieselung, noch lange kein Leben sind, aber im Zweifelsfall eben doch auch das einzige Leben, das wir haben. Damit bin ich in Gefielden, in denen ich mich auskenne.

Ich habe fünf Sinne, und es ist nicht so wichtig, sie »beisammen zu haben«, als zunächst einmal sie zu haben. Wie sich Welt und Lebensgefühl durch die fünf Sinne für einen konstituieren, wird jederzeit neu gemischt. Wer das nicht akzeptiert und auf einem einmal approbierten Mix besteht, wird ewiger Zeitgenosse einer immer weiter zurückliegenden Zeit. Genossen: Partizip Perfekt und vor allem Passiv von Genießen.

Ich habe Augen und will sehen, was es zu sehen gibt, auch wenn es von anderen schon zu Tode gesehen wurde, und um zu lesen, also erst recht um zu sehen, allerdings jetzt das, was ich bis zu diesem Moment noch nie *so* gesehen habe. Ich habe Ohren, und will daher hören, und zwar mehr als das, was mir auch beim Weghören in den Kopf gepumpt wird. Ich habe einen Mund, und weil ich ihn habe, will er reden, auch wenn er manchmal nur sagen kann: Ich will küssen. Oder umgekehrt. Und ich habe eine Nase, und wenn ich auch nach einer mißglückten Septum-Operation den Geruchssinn fast völlig verloren habe, dann habe ich die Nase zumindest, um sie anderen zu drehen. Die eigene Nase bleibt – aber wechseln nicht unausgesetzt die anderen? Und der Tastsinn. Weil ich ihn habe, zwingt er mich dazu, mich ununterbrochen heranzutasten, und sei es nur an die Tasten einer Tastatur. Aber stimmt die Mischung? Heute stimmt sie. Denn heute ist sie neu aufgemischt. Ich sitze da mit einer Flasche Wein von Hotzy/Kamptal, Flaschenetikett von Eichinger oder Knechtl, lasse Revue passieren, was ich heute geschrieben habe oder schreiben wollte, höre dabei die neue CD von Kruder und Dorfmeister und komme auf alle möglichen Gedanken – Es ist seltsam, daß ich mich bei Kruder und Dorfmeister, im Gegensatz zu den Menschen meiner Generation, viel radikaler als Zeitgenosse empfinde als damals, als ich Zeitgenosse etwa von Stones und Beatles oder von Cohen und Dylan war. Damals war ich Internatszögling. Innerhalb der Mauern dieser Anstalt gab es nichts zu hören als schroffe Befehle, süffisante Erniedrigungen, dumpfe Schläge und erstickte Schreie. Wenn ich heute daran zurückdenke, stoße ich nur auf Rätsel. Zum Beispiel: Wieso kannten wir aus dem Effeff jederzeit die aktuelle Hitparade auswendig, ohne daß ich mich erinnern könnte, daß es hinter den Mauern dieser Anstalt auch nur ein verstecktes Radio, geschweige denn einen Plattenspieler gab? Bis heute weiß ich Namen wie »Whistling Jack Smith«, (»I was Kaiser Bill's Batman«), den alle, die ihn damals wirklich hören konnten, heute vergessen haben. Zweite Frage: Wieso kam mir dann aber alles, was ich schließlich nachträglich hörte, als ich aus dem Konvikt entlassen war, dennoch so bekannt vor, obwohl ich es zuvor, als es »aktuell« war, nicht hören habe können? Ein Wiedererkennen ohne Kennen. Hatte das mit dem Zögling H. zu tun, der zwar Platten besaß, wenn auch keine Abspielmöglichkeit, und der daher seine Platten an sein Ohr preßte und dazu summte? Die Plattencover aber wurden mir so vertraut wie kaum etwas seither. Oder hatte das mit dem Schüler J. zu tun, der einen Kasettenrecorder hatte, den zu verstecken ein Kunststück war, wenn man an die Ausmaße denkt, die diese Dinger seinerzeit hatten. Ich befand mich mit J. in einem ewigen Kampf um das rare Gut Batterien – damals die harte Währung im Internat, so wie die Zigaretten auf den Schwarzmärkten Nachkriegswiens. Ich brauchte die Batterien für meine Taschenlampe, um in der Nacht, unter der Decke, noch lesen zu können, er brauchte sie für seinen Recorder, aus dem alle heiligen Zeiten eine seltsam eiernde, manchmal aussetzende, sich immer mehr verlangsamende Musik herauskam, an die ich immer denken muß, wenn ich in der Eisenbahn telefoniere. Dritte Frage: Wieso hat der Schüler F. (hier muß ich einen Hinweis mehr geben: Sein Name beginnt mit F. und hört mit endrich auf), ebenfalls ein Opfer dieser Schule, damals nie gesungen? Gab es nichts anderes als die Bundeshymne, das uns vertraut genug war, um es singen zu können? Beziehungsweise: Ist dieser Sachverhalt der geheime historische Hintergrund von »I am from Austria«?

Wieviele Fragen mir plötzlich einfallen. Nur zur Erklärung: Ich höre noch immer Kruder und Dorfmeister. Wieso war die Welt, als ich endlich studieren konnte und frei war, musikalisch so primitiv aufgeteilt wie die politische Welt? Immer zwei simple Lager. Und beide Lager waren letztlich historische Revivals. Beatles *oder* Stones zum Beispiel. Eine Welt, in der es unausgesetzt Gruppierungen gab, deren Verhältnisse zueinander immer nur eines zeigten: Da waren Welten dazwischen. Die Hietzinger Mädels mit ihren Hermes-Tüchern und »I want to hold your hand« und die bärtigen, nickelbebrillten Trotzkisten und »Let's spend the night together«. Welten – und es waren beide nicht mehr wahr. Zeitgenössisch war ich damals nur mit meinem biologischen Alter. Also eher mit »Let's spend the night together«. »I can get no satisfaction« war für mich damals noch avantgardistisch, das konnte ich noch nicht verifizieren. Als ich allerdings bemerkte, daß man zu »Satisfaction« in einer »Disco« wie z.B. dem Voom Voom emphatisch die Arme hochreißen, den Kopf vorstoßen und so verzweifelt wie trotzig, also alles in allem glücklich aufstampfen könne, gab es wie mit einem Gongschlag kein Voom Voom mehr.

Das Spannende war, daß sich plötzlich die Musik radikal diversifizierte. In der Musik hat sich die Aufhebung der einfachen Lagerbildungen früher ereignet als in der politischen Welt. Selbst ein simpler verwechselbarer Hit dieser Zeit war daher rückblickend letztlich avantgardistischer als Gorbatschow, raffinierter als Vranitzky und selbstreferentieller als Waldheim. Das müßte einmal gewürdigt werden. Damals liebte ich, glaube ich, »Talking Heads«, das war schon besser, aber immer noch spät dran. Und was früher noch als »anderes Lager« galt, war mittlerweile kein anderes Lager mehr, sondern nur noch abseitig. Die gealterten Hietzinger Mädels gingen mit ihren Gatten ins Theater an der Wien, um Lebensgefühl zu tanken bei einem fünfzehnjahre, schließlich sechzehn, bald zwanzigjahre alten Musical, das ein ehemaliger Schauspieler österreichischer B-Movies nach Wien geklont hatte und hier als Sensation verkaufen konnte. Dieser Prinzipal kam, wiewohl hauptberuflich mit Musik beschäftigt (nebenberuflich machte er Kreditkartenwerbung), nie auf einen Gedanken in Hinblick auf seine Branche, zum Beispiel auf den: Ob es normal sei, daß ein Musiktheater, das angeblich über Jahre zu hundert Prozent ausgelastet ist, Abermillionen an Subventionen zur Defizitabdeckung braucht. Der Broadway blickte neiderfüllt auf die Wienzeile. Das war der erste Schritt: Wien wurde Mittelpunkt, wenn schon nicht der Welt, so doch einer Karikatur von Weltmarkt. Bis heute gilt es als Beweis für die Vernunft der Selbstregulierung des Marktes, wenn Österreich international marktgängigen Mainstream mit Steuergeld importiert und dann befriedigt verkündet: »Das hat sich auch bei uns durchgesetzt!« Oder Pink Floyd. Ein Vierteljahrhundert nach der Zeit, in der sie für etwas standen (wenn ich auch vergessen habe, wofür), holte sie ein Bürgermeister mit Millionensubventionen nach Wiener Neustadt. Welche Selbstrevitalisierungsshow Pink Floyd damals geboten hat, ist vergessen, in akustischer Erinnerung aber bleibt das Höllengelächter des Pink Floyd-Managers, der damals sagte: »Never again« werde er Austria mit Australien verwechseln, denn in Australien müsse er, wie überall in der Welt, nach einem Konzert Steuer zahlen, während man in diesem einzigartigen Österreich genau umgekehrt Geschenke von der öffentlichen Hand erhalte. Dieser Wiener Neustädter Bürgermeister ist heute Kulturstaatssekretär von Österreich. Dennoch gibt es hier Kruder und Dorfmeister. Ich muß vielleicht erwähnen, daß deren neue CD immer noch beziehungsweise wieder spielt. Ich komme dabei auf soviele Gedanken, so viele Fragen.

Ich bin bei der Diversifikation der Musik stehengeblieben. Da wurde alles, was wir gewohnt waren, oder ich mir nachträglich angewöhnt hatte, hinfällig. Das war befreiend. Aber es wurde auch stressig: Plötzlich gab es, wie seinerzeit im Internat, Hitlisten, und ich hatte noch nie gehört, was da aufgelistet war.

Statt Lager gab es eine Vielzahl von Szenen. Das empfand ich als Fortschritt, und das umso deutlicher, je mehr die Kulturpessimisten die »Unübersichtlichkeit« beklagten und mit »Beliebigkeit« gleichsetzten. Sie waren ja doch nur kalte Musikkrieger, die nicht damit fertig wurden, daß die beiden erratischen Blöcke E und U so nicht mehr existierten. Sie existieren nur noch, wenn Politik einmal nicht nur Politik, sondern auch Kultur simuliert: Zum Beispiel wenn Österreich den Beginn seines EU-Vorsitzes feiern will: Dann wird EU zum Logo für Philharmoniker plus Fendrich, E plus U. Egal und Unernst. Was hat das mit Kruder und Dorfmeister zu tun, außer daß es sie, in solch einem Kontext, in Österreich trotzdem gibt? Nichts. Bei Kruder und Dorfmeister fällt mir nicht EU ein, sondern WELT. Darum spielt es auch keine Rolle, daß sie am Ende dieses Fests auch noch Platten auflegten.

Aber Lust am Fortschritt hin, Gefühl von Befreiung her, und

Belustigung über ofizielle Karikaturen von beidem hin und her, es änderte nichts daran, daß ich mich in den Szenen nicht auskannte. Hier war ich leider literarisch verbildet: In der Literatur ist ja bekanntlich Universalismus nur dadurch aufrechtzuerhalten, daß man *keiner* Szene angehört. Und die Bestätigung dafür, daß man dadurch möglicherweise wirklich Universalist ist, erhält man in schöner Automatik dadurch, daß jede Szene einem unterstellt, Mitglied einer anderen Szene zu sein – das heißt, man ist dadurch, daß man nirgends ist, tatsächlich überall. In der Musik allerdings, auch und gerade als Rezipient (fällt mir kein besserer Begriff ein? Leider nein! Ein Hörer ist ein Bestandteil eines alten Telefons, und ein Konsument ist ein Hegefall in der Serengeti des Konsumentenschutzes), ist man tatsächlich nirgends, wenn man nirgends ist. Das wollte ich ändern. Ich ging zu Raves – das will ich nicht weiter ausbreiten, nur soviel: Ich war begeistert von der neuen Qualität der Generationsunterschiede – Ich fühlte mich seelisch nicht älter als die jungen Menschen, die ich dort sah, und es machte auch nicht die Fülle des Haupthaars oder die Anzahl der Falten den Unterschied, sondern bloß die Tatsache, daß ich wie ein Dino Alkohol trinke und rauche, sonst nichts zu mir nehme, und daher nicht so lange tanzen kann wie jene. Und ich verbrachte Stunden und Stunden in den großen Musikhandlungen, mit Kopfhörern (ich liebe den Begriff »Kopfhörer«: Robert Musil ist zum Beispiel ein Kopfhörer oder Franz Josef Czernin oder Ernst Jandl oder Franz Schuh) und genoß auf geradezu rhythmisch vibrierende Weise den simplen Sachverhalt, daß zum Beispiel im Virgin Mega Store nicht so eine Apothekenatmosphäre herrscht wie immer noch in den meisten Buchhandlungen.

Was mir alles einfällt. Ich habe schon lange nicht mehr zu Wein und Musik solche Assoziationsexzesse erlebt, das ist viel mehr, als ich vor mich hintasten bzw. -tippen kann. Kruder und Dorfmeister. Wer sich, so wie ich es für notwendig hielt, herumhört, muß auf sie stoßen. Sie sind, was in den siebziger Jahren in der Literatur Thomas Bernhard war: Der allseits bekannte Geheimtip, ein massenhaftes Gefühl von Befreiung, das jeder einzelne sehr exklusiv erlebt. So soll Kunst sein. Bernhard in seiner Glanzzeit stand für folgende Fragen und Antworten: Kleist? Ja, lies Bernhard! Stifter? Bernhard! Grillparzer? Sehr sehr wichtig, aber man erspart ihn sich zur Gänze durch Bernhard. Turrini? Ja, und er ist am besten, wenn er klingt wie Bernhard – »Der Kanzler ist ein Analphabet!«. Zeitgenossenschaft? Au ja, aber hebe sie auf durch Bernhard. Ewig gültige Kunst? Super, und zeitgenössisch ist sie durch Bernhard. Gibt es eine ÖVP-Kunst? Ja, Bernhard! Wieso schadet ihm das nicht? Weil kein Mensch weiß, was ÖVP ist – aber wir wissen: Bernhard!

Kruder und Dorfmeister sind der Heldenplatz der zeitgenössischen Musik – nämlich, im Sinne Bernhards, die gültige Aufhebung der »Helden«. In ihren Remixes bleiben von da und dort und dem und diesem nur ein paar Takte, einige Wortfetzen, eine zynisch-seriöse Andeutung der Grooves übrig – Habe ich jetzt tatsächlich »zynisch-seriös« geschrieben? Ja, nach Bernhard völlig normal, wenn man Kruder und Dorfmeister hört. Was mich begeistert, ist, daß in dieser Musik etwas glücklich und vollkommen eingelöst wird, was seit den zwanziger Jahren ein unerfüllter theoretischer Anspruch der Kunst war: Die Welt so abzubilden, wie sie ist, nämlich als eine Montage. Eine Montage von kunstvoll willkürlich zusammengesetzten Teilchen, die sich gegenseitig unterlaufen, während wir sie, geschockt oder nicht, immer noch als harmonisch wahrnehmen, nur weil uns die Teilchen irgendwie vertraut erscheinen. Aber es hat bekanntlich weder in der bildenden Kunst noch in der Literatur wirklich funktioniert, und blieb daher eine Anekdote der Kunstgeschichte und zugleich ein Standard der Kunsttheorie. Aber sogar die Postmoderne, die Meisterin des Zitats und der Paraphrase, griff – Lebensgefühl und gleich auch dessen Interpretation schlichtweg montierend – auf alles zurück, außer auf die Tradition der Montagekunst. Vielleicht erschien ihr, was da vorgegeben war, als allzu simpel, und, würde man es paraphrasieren und neu montieren, als viel zu »meta«. Da existierte ein schwarzes Loch: In der Moderne war die Montage als Kunstform angesagt und theoretisch begründet, aber praktisch gescheitert, in der Postmoderne wurde sie durchgespielt, allerdings ohne Referenz, und das ist in der Postmoderne einmalig, auf ihre Tradition. Die Abmischungen, die sich daraus ergaben, waren in der Regel so subtil, daß nur ganz gefinkelte Philosophen und Moderne-Kenner wie Rudolf Burger oder Konrad Paul Liessmann die üblichen verdächtigen Elemente der Mischung identifizieren konnten.

Was mir alles einfällt, wenn ich Kruder und Dorfmeister höre!

Ha! Jetzt habe ich plötzlich selbst etwas identifiziert: Count Basic! Genial, wie bei Kruder und Dorfmeister noch der Schrott zu Kunst wird – genauso wie das Sportsmen- und Männersportgestammel bei Elfriede Jelinek. Im Grunde beschreibe ich in einer Parallel-aktion ja auch, worauf ihr Verfahren abzielt. Aber ich will den Faden nicht verlieren, und die Flasche Wein ist fast leer. Der Remix, wie Kruder und Dorfmeister ihn praktizieren, ist das Glücken, die Aufhebung und die Erlösung dessen, was buchstäblich vorging und durchgeht. Der Kunstanspruch hatte recht, der sagt: Die Welt ist da und wir müssen sie daher nicht neu erfinden, aber sie zerfällt, und wir dokumentieren diesen Zerfall und setzten sie zu-gleich neu zusammen. Und wenn sich die Welt jetzt selbst täglich neu zusammensetzt, dabei kompakter wirkt, als sie ist und elasti-scher, als sie sich erweisen wird, dann gehen wir noch weiter: Wir mischen die Welt neu auf. Praktisch geschieht das ja tatsäch-lich täglich, und deshalb ist diese Musik solch ein genialer Aus-druck unseres Lebensgefühls, allerdings geschieht, was täglich geschieht, so karikaturhaft, unfreiwillig komisch, und doch tröge unbelacht, daß diese Musik zugleich die Erlösung vom Alltag, die wohlkomponierte Aufhebung des Irrsinns ist. Was ist ein Remix, wie wir ihn täglich unbeachtet erleben? Zum Beispiel: Ein stalinistischer Autor schreibt in *der* bürgerlichen Zeitung eine Huldigungsadresse an *den* sozialdemokratischen Kanzler. Zugleich ist der für diesen Gastkommentar verantwortliche Redakteur nicht nur dafür bekannt, daß er ansonsten bei jeder Gelegenheit über eine sozialdemokratische Weltverschwörung deliriert, sondern auch dafür, daß er in Studententagen mit diesem stalinistischen

Autor in einer Wohngemeinschaft wohnte. Das könnte man nicht erfinden. Und darum geht es: Meine Welt und, wie ich glaube, die von Kruder und Dorfmeister, also unsere Welt, ist so voll von Phänomenen, die man nur erfinden kann und darf, weil es sie wirklich gibt, und die schon per se solch groteske Neuaufmischungen des antiqierten Begriffs Wirklichkeit sind, daß nur ihr Remix uns das Gefühl oder die Ahnung von Sinn gegen den Unsinn, von Vernunft gegen den Irrsinn, von Harmonie gegen die seltsamen Allianzen von bloßem Gezeter, von Erlösung gegen die irrationalen Reflexe der Vernichtungswünsche geben kann.

Wer diese Welt unterlaufen will, für den ist diese Musik Kampfmusik, Energiemusik. Wer in dieser Welt überleben will, für den ist diese Musik Erlösungsmusik. Wer gar nicht weiß, daß er auf der Welt ist, weil er noch nie über Zeitgenossenschaft nachgedacht hat, für den ist diese Musik die Hymne seiner Geburt.

Die Flasche Wein ist geleert, die CD ist zu Ende, die Zigaretten sind noch nicht aus. Ich werde also eine Flasche öffnen, eine Taste an meinem Musikgerät drücken, das Feuerzeug betätigen – und es werden wieder unendlich viele Assoziationen kommen, die ich nun aber nicht mehr aufschreibe. Ich will jetzt nur glücklich sein.

## Wie bringen wir die Chefchen ins Trockene?

Seitdem die Kulturpolitik »Chefsache« ist, ist sie auf Chefsuche.

Symptomatisch dafür ist die auch vom Kanzler kontinuierlich geführte Diskussion, ob es nicht doch vernünftiger wäre, wieder einen Kunstminister zu installieren. Der Chef, der Kunst zur »Chefsache« erklärt hatte, war also nach seiner ersten und einzigen kulturpolitischen Entscheidung, nämlich dieses Staatssekretariat zu bilden, so verunsichert, daß er gleich wieder signalisierte, man könne auch zum status quo ante zurückkehren. Die Debatte nahm kontinuierlich an Intensität zu, bis sogar die Kandidatensuche für dieses Ministeramt begonnen wurde. Als schließlich einige Namen im Gespräch waren, hieß es plötzlich, daß ein Kunstministerium nun doch nicht aktuell sei. Wenn das kein Sinnbild für österreichische Politik ist: Eine Entscheidung zu treffen, sie augenblicklich in Frage zu stellen, dann wieder die Infragestellung in Frage zu stellen, um dann zu dem Ergebnis zu kommen: Hoppala, es ist schon wieder eine halbe Legislaturperiode vergangen, Kinder wie die Zeit vergeht, und es ist eigentlich nichts Gröberes passiert, also lassen wir alles so, wie es ist! Im übrigen waren wir kühn genug, mit dem Gedanken zu spielen, es möglicherweise wieder so zu machen, wie es vorher war. Das nenne ich politische Flexibilität nach österreichischer Art: Die Änderung seiner Meinung um 360 Grad.

Allerdings hat das Kunststaatssekretariat nicht nur en gros an seiner Selbstaufhebung gearbeitet, sondern auch en detail, wie man am unlängst präsentierten kulturpolitischen Maßnahmenkatalog, dem sogenannten »Weißbuch« ermessen kann. Für dieses »Weißbuch« wurden, gut sozialpartnerschaftlich, alle möglichen Interessenvertreter eingeladen, ihre Wünsche zu formulieren, von denen dann knapp siebzig in diesen Katalog aufgenommen wurden. Die Filmemacher wollen mehr Filmförderung, die freien Theatermacher mehr Geld für freie Theaterproduktionen, und so weiter – So eine Überraschung! Daß allerdings eine bloße Auflistung partikularer Wünsche noch kein kulturpolitisches Konzept ergibt, ist so selbstverständlich, daß die Selbstaufhebung auch dieses »kulturpolitischen Vorstoßes« (so der Staatssekretär im *Kurier*) gleich mitgeliefert wird: Natürlich könne dies alles nicht eins zu eins umgesetzt werden, es handle sich bei diesem »Weißbuch« bloß um einen Katalog, der den Entscheidungsträgern übergeben werde, die dann daraus etwas auswählen mögen. Nun könnte man wieder über die verwirrende Eigentümlichkeit räsonieren, was es bedeuten mag, wenn ein »Entscheidungsträger« etwas »den Entscheidungsträgern übergeben« möchte – aber auch das hebt sich auf, wenn man zuvor die grundsätzliche Frage stellt, ob dieser »Entscheidungsträger« nicht eine etwas schrullige Vorstellung von Politik hat: Ein Ressort zu einer Art Otto-Versand zu machen, ist zwar neu, aber nicht gerade die Innovation, die man von zeitgenössischer Politik schön langsam sogar in Österreich zu erwarten beginnt.

Während nun also die Entscheidungsträger in diesem Katalog blättern oder auch nicht, zieht der Sekretär sein Programm »Andere Chefs gesucht« weiter durch, in Form von Auslagerungen und Privatisierungen von Bereichen, die bisher politischer Verantwortung unterlagen – und *daß* sie politischer Verantwortung unterlagen, hatte einen guten Grund: denn diese Bereiche leben von öffentlichem Geld.

Nun heißt es aufpassen: Denn in Österreich, einem Land ohne die geringste Tradition von Liberalismus, wimmelt es plötzlich von Liberalismusexperten, die jeden, der nicht augenblicklich bei jeder Privatisierung bedingungslos Hallelujah ruft, des Antiliberalismus zeihen, ja mehr noch: wer heute in Österreich laut sagt, daß er politische Verantwortung wahrgenommen sehen möchte, wird von den Liberalismus-Experten augenblicklich verdächtig, einen »starken« oder gar »totalitären« Staat zu ersehnen. Denn: Liberalismus = Privatisierung = Selbstregulierung = vernünftig. Also: Liberalismus ist das vernünftige Gegenteil zu Politik. Ich frage mich nur, wozu wir dann eine liberale *Partei* brauchen? Ich meine: Ich weiß es – aber wissen es auch diese Experten? Ich halte also fest: Ich habe nichts grundsätzlich gegen Privatisierungen, aber alles gegen deren österreichische kulturpolitische Variante: Eine Privatisierung, bei der weit und breit kein privater Investor zu sehen ist, aber ein Gewimmel von Menschen, die schon vorher für diesen Bereich verantwortlich gewesen wären. Eine Privatisierung, die nicht mit privaten, aber kontinuierlich mit öffentlichen Geldern gespeist werden soll, die dann aber, weil nun »privat«, der öffentlichen Kontrolle entzogen sind. Wenn ich sagte: »Ich halte fest«, dann muß ich hier ergänzen: Mich. Vor lachen.

Natürlich könnte man jetzt mit einiger Berechtigung die Frage stellen: »Na und? Kulturpolitik. Haben wir nicht andere Sorgen?«

Wie man's nimmt. Was wird in Österreich gegenwärtig diskutiert? Die Nöte der österreichischen Bauern. Nato-Beitritt ja oder nein? Soll der Wirtschaftsminister zurücktreten? Wie machen sich die österreichischen Politiker als EU-Ratsvorsitzende? Die Einbrüche bei den Nächtigungszahlen im Fremdenverkehr. Und dennoch: So heftig und sogar qualifiziert diese Debatten geführt werden, nie käme man auf die Idee zu sagen: Österreich ist ein Bauernstaat. Eine Militärmacht. Eine Industrienation. Eine politische Supermacht. Ein Dienstleistungsland.

Was also ist Österreich? Ich entnehme den zur Verbreitung in der ganzen Welt bestimmten offiziellen Selbstdarstellungsbroschüren, daß Österreich eine Kulturnation sei. Und genau dies wird in Sonntagsreden auch bis zum Abwinken wiederholt. Wenn das also so ist und in dieser Form ausgestellt wird – lohnt es dann nicht zu fragen, wie es um die österreichische Kulturpolitik bestellt ist? Die Österreicher mögen xenophob sein, einen bedrückend hohen Anteil an Antisemiten haben, ja sogar, wie unlängst publik wurde, unter allen europäischen Ländern die höchste Rate an sekundärem Analphabetismus aufweisen, sie mögen Sozialpartnerschaft mit Demokratie verwechseln – aber sie sind eine Kulturnation! Dies muß man mitbedenken, wenn man sich mit dem Sekretär im Bundeskanzleramt auseinanderzusetzen versucht. Er ist – virtuell – der mächtigste Mann der Republik, der Mann, der dazu berufen wurde, *im Zentrum der österreichischen Identität* Politik zu machen. So gesehen wird die Komödie zum Trauerspiel.

In Wahrheit war es immer schon eines. Denn alles, was dem heutigen Österreich Anlaß und Möglichkeit für die Selbstdarstellung als Kulturnation gab, beruht auf künstlerischen und kulturellen Leistungen, die jene Staaten oder politischen Gebilde aquiriert und vererbt haben (Habsburgermonarchie, Republik Deutsch-Österreich, faschistischer Ständestaat, Ostmark), deren Rechtsnachfolger die Zweite Republik wurde. Eine Rechtsnachfolge, die bei Kulturschätzen »Ja bitte«, bei politischen Verbrechen aber bekanntlich »Nein danke« sagte. Kulturnation – das ist im Grunde bloß ein Synonym für Nachlaßverwaltung und deren Transformation in Musealität.

Nun aber werden die Bestände wohl gelichtet – wenn etwa die wahren Erben anerkannt werden müssen. Hat man dazu etwas vom Sekretär vernommen? Nein, er macht Otto-Kataloge, löst Selbstaufhebungsdebatten aus und irrt umher in der Suche nach einem Chef. Ist es denn gar so schwer, in diesem Amt auf einen Gedanken zu kommen?

Man könnte doch zum Beispiel mit den nächstliegenden Gedanken beginnen: Fünfzig Jahre lang ist alles überraschend gutgegangen. In Ermangelung anderer machtvoller Eigenschaften dieses kleinen Landes akzeptiert heute jeder den Satz, Österreich sei eine Kulturnation. Vielleicht wäre es nach einem halben Jahrhundert der Durchsetzung dieses Satzes an der Zeit, diesen Satz programmatisch ernst zu nehmen. Wie könnte dies geschehen? Hat der Sekretär ein bißchen Phantasie? No? Kommt noch kein Gedanke? Na gut. Ich helfe ein bißchen weiter. Es geht also mit dem bloßen Draufsitzen auf dem »Erbe« so nicht weiter. Warum?

Herr Sekretär! Ist Ihnen noch nicht aufgefallen, daß, um nur ein Beispiel zu nennen, etwa Klimts »Kuß« durch die Gnaden- und Phantasielosigkeit seiner Reproduktion auf offiziellen Hochglanzplakaten und Selbstdarstellungsbroschüren in einer Weise ausgelutscht ist, daß einem mittlerweile bereits das Orginal als Persiflage vorkommt? Selbst wenn dieses Bild korrekt erworben wurde und daher im Besitz der Republik bleiben darf, es gehört uns dennoch nicht mehr. Ich habe es mittlerweile schon so oft auf den Toiletten germanistischer Institute im Ausland gesehen, daß ich es mittlerweile nicht mehr anders sehen kann, als: Ja, dort gehört es hin.

Also: Mit dem Erbe geht es auf die gewohnte Weise nicht weiter. Was wäre daher für eine Kulturnation jetzt, nach einen halben Jahrhundert der Ausbeutung toter Kunst, die Lösung, die Innovation?

Ja! Richtig! Die *lebende* Kunst. Aber das ist noch nicht ganz präzis formuliert. Sie verwalten ein Kulturbudget, das zum allergrößten Teil für tote und *reproduzierende* Kunst aufgeht – also? Ja, ganz genau! *Produzierende* Kunst – *das* wäre einer modernen Kulturnation würdig. Sehen Sie, Herr Sekretär, man muß nur ein bißchen diskutieren.

Ein Beispiel: Jeder in Österreich ansässige Künstler wird augenblicklich steuerbefreit. Das kostet nichts, denn die Künstler, die deswegen nach Österreich kommen werden, haben, solange sie nicht hier waren, sowieso keine Steuern an die österreichische Finanz abgeführt. Und das was österreichische Künstler verdienen, ist, auch wenn man sie noch so abmelkt, als Budgetposten sowieso zu vergessen. Aber »Sportler gehen nach Monaco, und Künstler gehen nach Österreich«, das wäre doch ein herzeigbares Selbstverständnis. Gar nicht zu reden davon, was das an produktiver, kreativer Stimmung in diesem Land bewirken würde. Aber natürlich müßte man auch das Kulturbudget umgewichten. Nach fünfzig Jahren »Fast alles für die reproduzierende Kunst« könnte man doch einmal den Versuch machen, eine einzige, klitzekleine Legislaturperiode lang das Verhältnis umzudrehen. Wie bitte?

Theater und Opern müßten dann zusperren? Warum? Sie haben sie doch privatisiert. Wollen Sie nicht auch, daß sie jetzt lernen, ihre Theater und Opern auf der Basis einer vernünftigen Selbstregulierung des Marktes zu führen? Warum haben Sie den ersten Schritt getan, wenn Sie dann den zweiten scheuen? Haben Sie Angst vor den reproduzierenden Künstlern, die sagen werden, für ein Honorar, wie es bislang die produzierenden Künstler gewohnt waren, treten sie nicht mehr auf? Keine Angst! Die wären schneller weg, als es der Conti-Konzern trotz aller Subventionen und Steuergeschenke war – und das hat die Regierung doch auch verstanden.

In Wirklichkeit würde nichts anderes passieren, als daß zum Beispiel Pink Floyd auch in Österreich, so wie überall in der Welt, Konzerte unsubventioniert geben müßte. Oder daß Musicaltheater, wie alle Formen der Massen- und Alltagskultur, so wie überall auf der Welt, nach privatwirtschaftlichen Prinzipen funktionieren würden. Oder kennen Sie ein Broadway-Theater, das vom Vorzimmer des Weißen Hauses aus mit öffentlichen Geldern finanziert wird? Daß international marktgängige Massenkultur hier subventioniert wird, ist zwar in der Tat einmalig, aber doch nicht der Beweis dafür, daß dieses Land, wenn schon sonst wenig, ein besonderes Verhältnis zur Kunst hat. Nein, Herr Sekretär, Sie brauchen nicht mehr Budget für die Kunst, Sie brauchen nur diese Entscheidung zu treffen: Das Kunstbudget für die Produktionsbedingungen von Kunst.

Wie bitte? Sie schrecken vor ihren eigenen Ideen zurück? Das sei nicht möglich in einem Land, in dem auch die *Kronen Zeitung* Presseförderung bekommt? Sie halten den Otto-Versand-Katalog für das Maximum, das realistisch möglich ist? In einer Kulturnation?

Ich sehe, daß »Privatisieren« in Österreich noch immer nichts anderes bedeutet, als »einer weltabgewandten, (oftm.) abseitigen Tätigkeit nachgehen« (Deutsches Wörterbuch, Ausgabe von 1898).

## Der Bock als Gärtner ohne Gießkanne
Interview von Klaus Nüchtern zur österreichischen Kulturpolitik

*Dieser Tage wurde Staatssekretär Peter Wittmann von mehreren Künstlern in fast unüblich dezidierter Weise kritisiert. Ein offener Brief an Viktor Klima, den Bundeskanzler und Kunstminister der Republik, fordert diesen auf, die »saloppen Unverschämtheiten des Kunststaatssekretär« zu unterbinden. Gibt es diese Ihrer Meinung nach, und, wenn ja, worin bestehen sie?*

Natürlich sind damit nicht die persönlichen Umgangsformen des Staatssekretärs gemeint, etwa daß sie nicht ganz den Elmayrschen Kriterien entsprechen. Nein, es geht um seine Funktion, und wie er sie ausfüllt. Man kann es durchaus als Unverschämtheit empfinden, wenn der Kunststaatssekretär sich zum Beispiel weigert, mit Interessenvertretern der österreichischen Künstler auch nur zu sprechen. Er ist der erste Kunstpolitiker, der den Kontakt mit Künstlern meidet – und ich meine jetzt den politischen und nicht einen irgendwie privaten, den der Kunstpaparazzo Hans Haider sofort in der *yellow Presse* als das neueste Techtelmechtel verkaufen würde. Daran ist und war nie ein Künstler interessiert, der bei Sinnen ist. Aber Gerhard Ruiss von der Interessengemeinschaft österreichischer Autoren mußte sich, als er mit Wittmann reden wollte, sagen lassen, daß »man schon ein Weltmeister sein« müsse, um bei Herrn Wittmann einen Termin zu bekommen. Also ich würde es schon zumindest als »salopp« bezeichnen, ein Amt anzunehmen, für das man nicht den Verstand mitbringt.

*Sie zweifeln an Wittmanns Verstand?*

Nein, ich zweifle nicht. Habe ich gesagt, daß ich zweifle? Um kein Mißverständnis aufkommen zu lassen: Ich spreche jetzt nur über die praktische Intelligenz, die man für ein bestimmtes Amt einfach braucht. Und ich glaube, daß man zweifellos den Wahrheitsbeweis antreten kann, daß er diese nicht mitbrachte und sich auch nicht erwerben will. Befragt nach seinem Lieblingsroman machte er den Eindruck eines Mannes, der ein Buch weniger als Landeshauptmann Pröll gelesen hat. In seinen kunstpolitischen Ankündigungen hat er die Kunst entwickelt, mit jedem einzelnen Satz augenblicklich einen unauflöslichen und unproduktiven Widerspruch zu produzieren –

*Woran denken Sie da zum Beispiel?*

Ich denke an alles. Ich sagte ja: Jeder einzelne Satz von ihm ist ein Beispiel. Er verkündet die Notwendigkeit einer größeren Distanz zwischen Politik und Kunst – und meint zugleich, daß die Kunstpolitik in größtmöglicher Nähe zum Regierungschef am besten aufgehoben ist. Er sagt, daß es in Zukunft weniger Geld für die Kunstförderung geben wird – zugleich möchte er Stiftungen gründen, an die er die Kunstförderung »auslagern« will. Mit anderen Worten, er will mit weniger Geld eine Verdoppelung der Strukturen, also auch eine Verdoppelung der Kosten. Er will Privatstiftungen – aber er meint öffentliches Geld. Er weiß nicht einmal, was eine Privatstiftung ist. Die Guggenheim-Stiftung ist ja nicht deshalb entstanden, weil irgendein Whitman im Weißen Haus gesagt hat, daß es toll wäre, das Kulturbudget der Vereinten Staaten auszulagern. Das einzige, was der Staatssekretär mit seiner Idee erreichen würde, wäre, daß die Verteilung öffentlicher Gelder der öffentlichen Kontrolle entzogen wäre. Wetten, daß er das selbst gar nicht weiß? Wenn Wittmann verkündet hätte, er wolle die Kahanes oder Dichand oder Falk oder Androsch dazu bringen, ein paar Milliarden steuerschonend in Kunststiftungen zu stecken – das wäre eine Ansage gewesen. Und obwohl er Kunst und Politik trennen und die Kunstförderung auslagern will, macht er sich gleichzeitig als Kunstpolitiker so seine Gedanken, wen er fördern will, nämlich nur noch einige wenige Spitzenkünstler –

*Zum Beispiel Francesca von Habsburg.*

Nein, ich will jetzt nicht über den millionenteuren Lichtbild-
vortrag von Frau Habsburg witzeln, das grundsätzlich Wider-
sprüchliche ist in diesem Fall das eigentlich Skandalöse: Grundsätzlich ist Kunstpolitik nämlich, wie Herr Wittmann nicht weiß,
so wie jede andere Politik nichts anderes, als die Gestaltung von
Rahmenbedingungen. Das heißt, es geht zunächst überhaupt nicht
um »einzelne« und um deren genaue – höhere oder weniger hohe
– Anzahl. Die sogenannte »Gießkannendiskussion«, die der Sekretär ausgelöst hat, geht also völlig an der Frage vorbei, die
jemand in seiner Position sich stellen müßte. Ich meine, ein Wirtschaftsminister muß versuchen, daß »die Wirtschaft« floriert, und
könnte es sich nie leisten, nur noch die großen Konzerne zu fördern. Kein Finanzminister käme auch nur auf die Idee, nur noch
eine numerisch begrenzte Zahl von Menschen zu besteuern, zum
Beispiel nur noch die Taxifahrer. Aber der Kunststaatssekretär
will seinen Blick auf einige wenige einzelne richten. Aber auch
da produziert er mit jedem Satz Selbstaufhebungen: Er sagt zum
Beispiel, daß er die besten österreichischen Künstler »auf dem
Weltmarkt durchsetzen« will – so als wäre Peter »bin nicht überfordert« Wittmann der Kunstsekretär des Weltmarkts, und als hätte
er als österreichischer Kulturpolitiker nicht wahrlich genug zu
damit zu tun, Initiativen für einen entwickelteren Kunstmarkt in
Österreich zu setzen. Aber nein, da sagt der Weltmarktexperte
plötzlich: »Wir wollen nicht, daß Kunst zur Ware wird.« Wittmann-
Statements sind eigentlich die gnadenloseste Persiflage von politischer Phraseologie. Wie gefällt Ihnen diese Stelle aus seinen
Interview im letzten *profil*: Er verkündet immer die Trennung
von Kunst und Politik, aber: »Der Staat darf sich nicht zurückziehen«! Also soll sich die Kunst zurückziehen? Ist es das, was er
will? Ist es das, was er meint? Was glaubt er? Da steht's: »Ich
glaube nur eins: Jeder, der einen Termin will, wird einen bekommen«. Na, wenn das kein Glaubensbekenntnis ist! Das ist wahrscheinlich der erste klare Satz von Wittmann. Wir können also
zusammenfassen: Alle bekommen einen Termin, einige wenige
werden auf dem Weltmarkt durchgesetzt, aber in Österreich darf

kein Kunstwerk zur Ware werden. Mit diesem Konzept wird Wittmann, der Kämpfer gegen die sogennannten Staatskünstler, einige wirkliche Staatskünstler im schlimmsten Sinn dieses Begriffs produzieren. Aber wie auch immer: Einer, der auf ein paar einzelne fixiert ist, der ist alles mögliche, der ist zum Beispiel ein Fan, aber er ist kein Politiker.

*Finden Sie, daß Wittmann zurücktreten sollte?*

Ja! Das wäre ein Segen.

*Für die Künstler?*

Nein, für Wittmann. Die Künstler machen Kunst, egal ob im Vorzimmer vom Kanzler ein Wittmann sitzt, oder nicht. Nein, ich mache mir Sorgen um den Staatssekretär. Es muß furchtbar für ihn sein, ich fürchte, daß er zerbricht und unserem Gesundheitssytem noch große Kosten verursachen wird. Michael Köhlmeier hat mir unlängst gesagt: »Das, was ich von Reich-Ranicki einstekken mußte, erlebe ich einmal in zwanzig Jahren. Aber ein armer Teufel ist der Wittmann – der muß so etwas jeden Tag ertragen!«

*Aber Sie haben den Brief an den Kanzler nicht unterzeichnet. Warum?*

Das ist leicht zu erklären, aber zunächst muß ich eines vorausschicken: Ich bin grundsätzlich mit der Kritik an Wittmann, die in diesem Brief formuliert wurde, einverstanden, ich bin also auch mit Marie-Thérése Kerschbaumer, die diesen Brief formuliert hat, und allen, die ihn unterzeichnet haben, völlig solidarisch und lasse mich daher auch nicht gegen sie ausspielen. Aber es stimmt, ich habe diesen Brief nicht unterschreiben wollen, und zwar aus zwei Gründen, die allerdings diesem Brief nichts von seiner Notwendigkeit nehmen, sondern ihn bloß ergänzen und differenzieren sollen: Erstens will ich mich nicht ausgerechnet beim Kanzler über Wittmann beschweren, also bei dem Bock, der Wittmann zum Gärtner ohne Gießkanne gemacht hat. Viktor Klima hat die Kunst als »Chefsache« beansprucht, er hat Wittmann bestellt, er ist Wittmann nie in den Arm gefallen, nicht beim größten Irrsinn, den Wittmann von sich gegeben hat. Klima ist der letztendlich Verantwortliche, Wittmann ist, wie sein Titel schon sagt, bloß sein Sekretär. Wenn ich also Wittmann grundsätzlich kritisiere, dann kritisiere ich Klima mit. Ich kann also nicht bei Klima um Wittmanns Rücktritt ansuchen – wenn es noch so etwas wie politische Verantwortung gibt, dann muß ich, als Künstler, mit Wittmanns Rücktritt auch den von Klima fordern. Ich fände es sozial sehr problematisch, wenn sich einbürgern würde, daß nur noch die Angestellten für die Fehlentscheidungen des Chefs bestraft und verfemt werden. Zweitens gibt es in diesem Brief eine Stelle, die sinngemäß sagt, daß Wittmann leichtfertig zerstört, was in den letzten Jahrzehnten Tolles aufgebaut wurde. Und wenn ich auch, wie gesagt, mit der Kritik der Künstler an Wittmann, die dieser Brief öffentlich macht, grundsätzlich einverstanden bin, so kann ich doch einen Text nicht unterschreiben, die Wittmanns Vorgänger der letzten Jahrzehnte praktisch exkulpiert. Das Verhältnis des Staates und großer Teile der Gesellschaft zur lebenden österreichischen Kunst war immer schon höchst problematisch, aber in diesem Brief klingt es ein wenig so, als hätte es bis jetzt goldene Zeiten gegeben, die von der finsteren Macht Wittmann abrupt zerstört werden. So stimmt das nicht. Ich erinnere mich leider zu gut, daß Generationen österreichischer Künstler seit den fünfziger Jahren ihr Hauptwerk gleichsam als Tageszeitung konzipiert haben, in der täglich dieselbe Schlagzeile stand: Österreich und insbesondere die österreichische Kulturpolitik sind scheiße – gewechselt haben immer nur die Namen, die diese Scheiße personifiziert haben. Und jetzt auf einmal soll das alles super gewesen sein, nur weil Wittmann aus dem traditionell sehr problematischen Verhältnis des Staates zu den Künstlern eine besonders hilflose Farce macht? Durch einen so formulierten Protest gegen Wittmann wird, um nur *ein* Beispiel zu nennen, aus dem seinerzeitigen Minister Moritz, der Bernhard zum Psychiater schicken wollte, plötzlich nachträglich eine Art österreichischer Adorno, oder was?

*Wo hört Solidarität auf und fängt die Verpflichtung zum Schulterschluß an?*

Grundsätzlich hört Solidarität nie auf. Es ist allerdings tatsächlich so, daß sich nur selten eine umfassende Solidarität schnell und zugleich sehr profund einstellt. Wittmann ist in diesem Zusammenhang natürlich ein genialer Katalysator: Er hat es geschafft, in einer Branche, die aus besonders radikalen Einzelgängern besteht, im Handumdrehen weitestgehende Solidarität und Zusammenhalt herzustellen. Und es ist eine beachtliche Leistung, daß Wittmann es in nur zweihundert Tagen geschafft hat, zum Totenvogel und als solcher zugleich zu einem stimmigen Wappentier der österreichischen Sozialdemokratie zu werden: Zum Totenvogel, weil die Sozialdemokratie am meisten verliert, wenn die Künstler und Intellektuellen sich von ihr abwenden – ich erinnere daran, daß Kreisky oder Brandt oder Palme und andere ihre großen Triumphe gefeiert haben, als es ihnen gelungen ist, die Intelligenz des Landes an sich zu binden –, und Wappentier, weil Wittmann sozusagen symbolisch für die Wahrheit der ganzen Geschichte steht: nämlich, daß die Sozialdemokratie die Künstler, auch wenn sie diese sozusagen atmosphärisch gebraucht hat, nie wirklich ernstgenommen hat. Und die Verpflichtung zum Schulterschluß, die Sie ansprechen, ist meiner Meinung ein österreichisches Phänomen, das sich in Transformation befindet. Die Differenziertheit, mit der heute österreichische Künstler untereinander diskutieren, zum Beispiel über Wittmann, ist ein Fortschritt gegenüber den Schulterschlußreflexen noch vor wenigen Jahren.

*Die österreichischen Künstler werden also klüger?*

Nein. Sie machen Erfahrungen, wie alle anderen Menschen auch. Der Unterschied zu anderen ist nur, daß sie die fixe Idee haben, ihre Erfahrungen allgemeingültig auszudrücken. Wenn sich also in den Ausdruckweisen und auch im Verhalten der Künstler etwas ändert, dann läßt dies eben Rückschlüsse auf gesellschaftliche Entwicklungstendenzen zu. Das ist natürlich, wie der deutsche Philosoph Karl Chemnitz gesagt hätte, ein dialektischer Prozeß. Zwar gibt es diesen Schulterschlußreflex immer noch da und dort – aber diese Fälle sind sozusagen Rückzugsgefechte dieses alten Phänomens. Zum Beispiel, wenn die Rechten sagen, daß Caspar Einem ein Linker ist, scharen sich augenblicklich alle Linken um ihn. Das ist so ein Reflex. Aber zugleich spürt man bereits irgendwie, daß es etwas Gespenstisches hat, wenn Linke sich ihre Selbstdefinition von den Rechten liefern lassen. Deshalb funktionieren diese Schulterschlüsse nicht mehr so selbstverständlich wie früher: weil heute dann doch auch Stimmen laut werden und zu denken geben, die sagen, daß ein Minister, links hin oder her, nicht ernst zu nehmen ist, der ein Gesetz mitverantwortet und unmittelbar, nachdem er es unterschrieben hat, als der größte Kritiker dieses Gesetzes auftritt.

*Sie meinen –*

Ja, ich meine. Es war nur ein Beispiel. Es gibt auch andere.

*Marlene Streeruwitz sieht das anders. Sie hat hat in einem Interview im letzten* Falter *davon gesprochen, daß das »Stipendien- und Subventions-Wien« eine »Stehbeisl-Inzucht« hervorgebracht habe, in der »eine ehrenwerte Auseinandersetzung mit Geistigem« nicht möglich sei.*

Ja, das habe ich gelesen.

*Und?*

Was und? Ich meine, was ist jetzt die Frage?

*Dem werden Sie wohl kaum zustimmen?*

Warum nicht? Wenn Marlene Streeruwitz das sagt, dann muß ich das ernst nehmen. Sie wird diese Erfahrungen haben. Vielleicht trifft sie tatsächlich dauernd auf Menschen, mit denen eine »ehrenwerte Auseinandersetzung mit Geistigem« nicht möglich ist. Man kann doch nicht leugnen, daß es die gibt. Wir haben doch gerade über Wittmann gesprochen, überhaupt über die Regierung. Da haben Sie doch zum Beispiel Menschen, auf die das Verdikt von Marlene Streeruwitz zutrifft. Und das mit der »Stehbeisl-Inzucht« ist wahrscheinlich eine Matapher. Oder auch nicht. Ich weiß es nicht. Ich muß gestehen, daß ich mich in dieser Frage nicht so gut auskenne. Ich habe die letzten siebzehn Jahre hauptsächlich im Ausland verbracht, ich kenne daher keine Stehbeiseln in Wien. Um die Ecke von meinem Atelier in Wien ist ein Lokal, das »Stehbeisl« heißt. Aber immer, wenn ich daran vorbeikomme, ist es geschlossen. Ich kann darüber also keine Auskunft geben.

111

Aber ich bin sehr froh, daß ich immer, wenn ich nach Wien komme, doch auf Leute treffe oder hier mit Leuten befreundet bin, mit denen eine produktive Auseinandersetzung möglich ist.

*Aber man kann sich doch des Eindrucks nicht erwehren, daß Marlene Streeruwitz etwas kritisiert, das abzuschaffen Wittmann angekündigt hat. Andererseits haben Robert Schindel , und vorhin auch Sie, den Rücktritt Wittmanns gefordert.*

Herr Nüchtern, Sie sind jetzt etwas perfid. Es wird Ihnen nicht gelingen, uns auseinanderzudividieren. Marlene Streeruwitz ist viel zu intelligent, als daß sie ihre Kritik als Affirmation der Politik Wittmanns gemeint haben könnte.

*Sie haben gesagt, daß man hinter Wittmann nicht auf Klima vergessen dürfe. Viktor Klima hat die Kunst zur Chefsache, also zu seiner Sache erklärt. Viel ist von seinem Interesse für dieses Gebiet nicht zu merken. Ist es überhaupt wünschenswert, daß Kunst Chefsache ist, und was erwarten Sie sich davon?*

Ich muß Sie korrigieren. Natürlich hat Klima Interesse. Klima ist ein Vollblutpolitiker. Ein Mann wie er trifft keine Entscheidung, ohne daß er politische Interessen damit verbindet. Er hat Kunst zur Chefsache erklärt. Er hat Wittmann bestellt, der mit dem Sager antrat, daß Kunstpolitik sich von der Kunst zu verabschieden habe. Welches Interesse hat er also daran, daß Kunst ins Zentrum der Politik geholt wird, um ausgerechnet dort von der Politik verabschiedet zu werden? Wir könnten darüber nur Spekulationen anstellen, wenn nicht er selbst es lang und ausführlich explizit erklärt hätte: In seiner Rede zur Eröffnung der Salzburger Festspiele. Haben Sie die gehört?

*Nein.*

Sehen Sie, da haben Sie etwas versäumt. Da hat Klima nämlich Auskunft gegeben. Ich gebe zu, daß die Rede sehr lang war. Als ich nach acht Stunden auf die Uhr sah, waren erst zwanzig Minuten vergangen. Aber was hat er gesagt? Sinngemäß zusammengefaßt nur das Beste, was ein guter Mensch und Kunstliebhaber sagen kann: Kunst will provozieren und schockieren. Aber wir sollten lernen, uns nicht provizieren zu lassen, die Künstler nicht

zu skandalisieren, sie in Ruhe zu lassen, sie gelassen hinzunehmen. Er hat also gesagt: Liebe Öffentlichkeit, lerne, die Kunst an
Dir abrinnen zu lassen. Wenn Die Kunst Dir einen Schmerz zu-
fügt, zeige Deinen Schmerz nicht. Wenn Kunst Dich schockt, zeige Deinen Schock nicht! Wenn Kunst Dich provoziert, zeige Dei-
ne Irritation nicht! Wenn Kunst Dich auf einen Gedanken bringt,
dann äußere Deinen Gedanken nicht. – Ich gebe zu, ich bin unge-
recht, das hat er vielleicht nicht gemeint. Aber er hat es gesagt.
Und alle seine politischen Entscheidungen als Kunstkanzler passen in dieses Bild: Kunst soll ins Leere laufen, im Grunde hat er
gesagt: Die Künstler sollen in einem schalldichten Raum lernen,
daß es keinen Sinn hat zu schreien. Er hat nicht gesagt, stellt
Euch der Irritation! Sondern: Laßt Euch nicht irritieren! Ich weiß
natürlich nicht, ob er weiß, was er gesagt hat, aber er *hat* gesagt:
Machen wir die Kunst funktionslos! Wenn wir die Prämisse ak-
zeptieren, daß Kunst sich auch über Schock und Irritation definiert, dann hat er letztlich gesagt: Bringen wir doch die Kunst
um! Und nun sehen wir seine Entscheidung, Wittman zu seinem
Kunstsekretär zu machen, plötzlich in einem klareren Licht.
Vranitzky, der bekanntlich auch mit Künstlern nicht konnte und
sie nie wirklich verstand, hat sich immerhin einen Scholten ge-
halten, der die Position vertrat, Kunst müsse provozieren. Aber
Klima reorganisierte dieses Verhältnis dahingehend, daß er zur
Chefsache machte, daß Kunst als gesellschaftlich wahrnehmbarer
Faktor verschwindet.

*Warum glauben Sie, daß Vranitzky mit Künstlern nicht konnte?*
*Wenn er einen Küstlerheurigen gab, war immer ein Riesenauftrieb.*
Das weiß ich nicht. Ich war ja nie bei so einem Künstlerheurigen.
Wie das schon klingt: Künstlerheurigen. Ich bin ein einziges Mal
auf Vranitzky getroffen, und da habe ich augenblicklich gemerkt,
daß er mit Künstlern einfach nicht kann. Das war bei diesem
Friedensforscher-Symposion in Schlaining. Ich war eingeladen,
einen Vortrag zu halten, und Vranitzky hielt die Eröffnungsrede
dieses Symposions. Diese Rede war wirklich bemerkenswert, er
sagte Sätze wie: »Österreich ist für eine Friedenspolitik *ohne wenn*

*und aber, aber* das heißt nicht, daß wir das Bundesheer abschaffen werden«. Nach seiner Rede gab es ein Buffet und da stand ich ihm plötzlich gegenüber. Also sagte ich ihm, daß mir seine dialektischen Sätze sehr gut gefallen haben wie zum Beispiel »... ohne wenn und aber, aber ...« – perfekt allerdings wäre es gewesen, wenn er gesagt hätte: »... ohne wenn und aber, aber wenn ...« Er sah mich nur kurz an, kein Lächeln, keine Floskel, drehte sich um und begrüßte einen burgenländischen Landesrat.

*In dem offenen Brief fordern die Unterzeichneten »mehr Respekt« von den Politikern. Sind Politiker wirklich respektlos gegenüber Ihnen und Ihren Kollegen und Kolleginnen? Ist diese Vranitzky-Anekdote ein Beispiel dafür, was Sie als Respektlosigkeit empfinden?*

Nein, diese Anekdote ist kein Beispiel für Respektlosigkeit, sondern für Hilflosigkeit. Die Respektlosigkeit hat ganz ein anderes Niveau. Das ist viel grundsätzlicher. Aber die Geschichten, die das illustrieren, kennt ohnehin jeder. Nein, im Grunde geht es bei dieser Respekt-Sache wahrscheinlich um einen ganz einfachen Sachverhalt: Politiker haben einen sehr schweren Job, der ihr Privatleben kaputt macht, der sie aushöhlt, der sie physisch aufschwemmt und psychisch anknackst. Jetzt wollen sie dafür, daß sie das machen, nicht auch noch verhöhnt und lächerlich gemacht werden. So sehen sie das wohl selbst. Daher warnen sie regelmäßig davor, daß die Demokratie untergeht, wenn die Volksvertreter nur noch skandalisiert werden. Aber jedesmal, wenn Volksvertreter sich wieder einmal mit dem Volk verbrüdern wollen, dann verhöhnen und skandalisieren sie die Künstler, dann bedienen sie auf besonders trübsinnige Weise den Boulevard, der in Österreich noch nie dem Flaneur, sondern immer nur dem Spießer gehört hat. Das ist verächtlich. Und weil wir Künstler das verachten, werden wir verächtlich gemacht. Nun ist aber die Kunstproduktion ein unabdingbarer Beitrag für den gesellschaftlichen Diskurs und das Funktionieren der Demokratie. So sehen wir das. Wir wollen keine Küsse, keine Umarmungen, keine Vereinnahmungen, keine Schulterschlüsse, wir wollen schlicht und einfach das, was Politiker für sich selbst beanspruchen: Respekt – und erst unter dieser Voraussetzung Kritik. Das ist natürlich ein frommer Wunsch, aber auch fromme Wünsche kann man äußern, und das ist jetzt eben geschehen, weil es genug Anlaß dazu gab. Wir wollen einfach nicht von den Politikern dem Boulevard zum Fraß vorgeworfen werden und uns dabei noch nachsagen lassen, daß wir wegen ein paar Subventionen am liebsten am Rockzipfel dieser Politiker hängen. Die Kritik, die wir äußern, äußern wir nicht aus Jux und Tollerei, und wir lassen sie uns auch nicht abkaufen.

*Es artikuliert sich immer wieder das Bedürfnis nach Künstlern, die alles erklären, zu jedem Stellung nehmen sollen. Aber ist dieser Küsntlertypus überhaupt noch zeitgemäß?*

Sie haben diese Frage schon selbst beantwortet. Solange sich ein Bedürfnis nach diesem Künstlertypus artikuliert, solange ist er zeitgemäß. Unter welchen Voraussetzungen wäre es übrigens nicht mehr zeitgemäß, daß kreative Menschen sich artikulieren?

*Aber ist der heftige Protest gegen die Ausgliederung der Kunstsektion aus dem Ministerium nicht auch ein verstörendes Indiz für ein mangelndes Vertrauen in die eigene Kreativität, das durch ein umso größeres Vertrauen in staatliche Strukturen und Bürokratie kompensiert wird?*

Wie das klingt: staatliche Strukturen und Bürokeratie! Hätten Sie, wenn der *Falter* keine Presseförderung mehr bekäme, Zweifel in Ihre journalistische Kreativität? Ist die Tatsache, daß Sie bei einer Zeitung arbeiten, die Presseförderung erhält, ein Indiz für Ihr allzu großes Vertrauen in staatliche Strukturen und Bürokratie? In Wahrheit ist es doch so: Politiker haben eine Reihe von Aufgaben, die wir ihnen ganz selbstverständlich zuschreiben. Sie sollen Medienpolitik machen. Sie sollen Kunstpolitik machen. Sie sollen Wirtschaftspolitik, Sozialpolitik und so weiter und so fort machen. Also sollen sie das auch tun. Dann kann man das diskutieren. Aber sie sollen tun, mit nachvollziehbaren Prämissen und diskutablen Zielen. Und sie sollen Kritik ertragen, statt die Kritiker für blöd zu verkaufen und sich selbst vom Boulevard treiben zu lassen. Die Entscheidung, die Kunstsektion aus dem Ministerium auszugliedern, ist dafür ein deutliches Beispiel. Der Boulevard wollte aus populistischen Gründen, auch wenn es in Wahrheit nichts bringt, daß Minister eingespart werden. Darauf sagte der neue Kanzler: Okay, dann sparen wir uns einen Kunstminister, das macht jetzt ein Sekretär. Der soll ausgliedern, wir nennen das privatisieren, das klingt gut, und keine Gießkanne mehr, das klingt auch gut, und wenn der Staat sich von der Kunstförderung verabschiedet, dann gibt es natürlich auch keine »Staatskünstler« mehr, das klingt auch gut – und der Fall ist erledigt. Allerdings ist das kein kulturpolitisches Konzept, sondern ein simpler demagogischer Trick. Natürlich findet man keinen kompetenten, kunstpolitisch versierten Menschen, der das durchziehen würde. Also wurde Wittmann erfunden. Wittmann ist als Kulturpolitiker so ahnungslos, daß ihm nicht einmal was einfällt, wenn der Verteidigungsminister über »kulturelle Aufrüstung und Kulturkampf« deliriert. Wittmann ist der Sack, den wir jetzt ein bißchen schlagen sollen, und Klima hofft, daß keiner merkt, daß er selber drinnensteckt. Aber eben weil die österreichischen Künstler keinen Zweifel an ihrer eigenen Kreativität haben, wird dieses Konzept nicht funktionieren. Wir sind und bleiben schöpferisch. Und zu allererst schöpfen wir Verdacht.

## Plädoyer für Zentren an der Peripherie

Was ist ein geistiges, ein kulturelles, ein künstlerisches Zentrum? Oder anders, konkreter gefragt: welche sind die Orte, die wir spontan und selbstverständlich als solche Zentren bezeichnen würden?

Unlängst ist im Auftrag des für kulturelle Angelegenheiten zuständigen EU-Kommissars eine Meinungsumfrage durchgeführt worden, bei der einem großen Sample von Künstlern, Kunstkritikern und Kulturschaffenden aus allen Mitgliedstaaten der EU die Frage gestellt wurde: »Welche europäische Stadt ist für Sie die Kulturhauptstadt Europas?«

Natürlich sollte mit dieser Umfrage auch abgetestet werden, welche Akzeptanz und welche Folgewirkungen das Konzept hat, jedes Jahr eine andere europäische Stadt offiziell zur »Kulturhauptstadt Europas« zu ernennen. Sind die Geldmittel gut angelegt, die dafür investiert werden, um einer Stadt das Image eines kulturellen Zentrums zu geben? Bleibt über die unmittelbaren Auswirkungen auf den Tourismus hinaus etwas von der kulturellen Substanz und Bedeutung dieser Städte im Bewußtsein hängen, zumindest im Bewußtsein derer, die zweifellos zu den Bestinformierten in Kunst- und Kulturbelangen gehören? Ein Zentrum ist nicht zuletzt deshalb ein Zentrum, weil es Sogkraft besitzt. Wenn wir von einer Stadt sagen, daß wir, in Hinblick auf unsere Arbeit, unsere Interessen, unsere Bedürfnisse, hinwollen, oder wenn wir zumindest sagen, daß wir allzugerne dort leben und arbeiten würden – dann sprechen wir von einem Zentrum. Wenn wir von einem konkreten Ort träumen, den wir uns als Paradies unserer Selbstverwirklichung oder zumindest als Schlupfloch in das Paradies einer vor allem dort möglichen Selbstverwirklichung vorstellen, als einen Ort mit den bestmöglichen Bedingungen zur Verwirklichung und Durchsetzung unserer Ideen, dann träumen wir von einem Zentrum. Wenn wir delirieren von einem Ort, von dem wir glauben, daß er, wenn wir *dort* unsere Ruhmsucht *fast* befriedigen, unsere Ruhmsucht *tatsächlich fast* befriedigt, dann delirieren wir von einem Zentrum.

Kann die Ernennung einer Stadt zum »Zentrum auf Zeit« *dieses* Image befördern, *diese* Träume schüren und den Wachen wirkliche Möglichkeiten geben? Immerhin geht es um viel Geld. Geld, das kurzfristig in eine radikale Diversifikation des Angebots an *reproduzierender* Kunst und *alltagskulturellen* Events investiert wird – und mittelfristig nicht mehr, aber auch nicht weniger bewirken soll als eine weit über den jeweiligen Ort hinausstrahlende Stimmung: *Dort* – das soll die Stimmung sein – *dort* ist was los!

Das Ergebnis der Umfrage war – zurückhaltend formuliert – für den Kulturkommissar und für die Kulturminister der fünfzehn EU-Mitgliedstaaten niederschmetternd: Von den offiziellen Kulturhauptstädten des letzten Jahrzehnts, – nämlich Glasgow, Dublin, Madrid, Antwerpen, Lissabon, Luxemburg, Kopenhagen, Saloniki und Stockholm – wurde Madrid zweimal und Dublin sowie Lissabon einmal genannt, die anderen Städte nicht ein einziges Mal – von einem Sample von über zweitausend Befragten!

Die Frage, ob dies überraschend sei, tritt hinter die Tatsache zurück, daß zweifellos nicht oder kaum überraschend ist, welche Städte am meisten genannt wurden: Paris, Berlin, London. An vierter Stelle – und das ist auch nicht mehr als eine kleine Überraschung: Köln.

Köln wurde vor allem von Bildenden Künstlern votiert, und jeder, der sich heute mit Bildender Kunst beschäftigt, weiß, daß Köln für zumindest diesen Bereich der kreativen, produzierenden Kunst eine Art Mekka darstellt, nach dem man seine Gedanken, Hoffnungen und Phantasien ausrichtet. Erst danach kam Rom, und unmittelbar danach – gleichsam außer Konkurrenz, weil nach *europäischen* Zentren gefragt war – New York.

Mich hat dieses Ergebnis, wie schon angedeutet, nicht überrascht. Und doch. Zu denken gegeben hat mir im Bericht über diese Umfrage zunächst die Tatsache, daß bei der Frage nach *dem europäischen* Zentrum eine nicht-europäische Stadt beinahe das Ranking gewonnen hätte (New York), zugleich aber die offiziellen Kulturhaupstädte Europas so gut wie keine Stimme bekommen haben. Und zumindest auf den ersten Blick rätselhaft erscheint die Tatsache, daß eine Stadt wie Wien, immerhin die Hauptstadt und Metropole eines Landes, das sich seit Jahrzehnten international als *Kulturnation* selbstdarstellt, kein einiges Mal erwähnt wurde. Darauf werden wir gleich zu sprechen kommen. Zuvor sei noch die seltsam pragmatische Konsequenz erwähnt, die aus besagter Umfrage gezogen wurde: Im Jahr 2000 wird es keine Kulturhauptstadt Europas mehr geben, keinen Ort, der offiziell und subventioniert als kulturelles und künstlerisches *Zentrum* des Kontinents sich darstellen darf, der die Blicke der Welt auf sich ziehen und auf die Phantasien der Welt hinausstrahlen soll – es wird vielmehr fast ein Dutzend Kulturhauptstädte geben, ein Titel, der gleichsam mit der Gießkanne verteilt und dessen Bedeutung eben dadurch endgültig unterlaufen wird.

Wir haben uns – und das ist eben eine empirisch belegte Tatsache – schon die *eine* Stadt nicht gemerkt, die jährlich zum Zentrum unserer Interessen ausgerufen wurde, wie sehr also wird es unsere Phantasie und Neugier beflügeln, wenn nun ein gutes Dutzend Städte in Reisebüroprospekten europaweit jeweils als *das eine* Zentrum beworben wird?

Ich glaube, ich muß hier keine Prognose wagen und kann direkt zu der Frage übergehen, wieso Wien in dieser Umfrage kein einziges Mal genannt wurde. Diese Frage mag gekränkt lokalpatriotisch erscheinen, und doch ist es diese Frage, die erst eine grundsätzliche, eine paradigmatische Antwort auf die Frage nach einem Zentrum ermöglicht.

Denn vordergründig scheint die besagte Umfrage zu beweisen, daß es in einem sensiblen, unmittelbar mit Wahrhaftigkeit konnotierten Bereich wie dem der Kunst und Kultur nicht genügt, kurzfristige, auf Spektakelkultur fixierte Akte zu setzen, um ein Image, und mehr noch: um einen wirklichen und wirksamen Ruf zu erlangen. Wien allerdings war zwar nie offiziell, also zeitlich begrenzt Kulturhauptstadt Europas – allerdings war Wien über ein halbes Jahrhundert lang Hauptstadt des *einzigen* europäischen Landes, das sich systematisch als *Kulturnation* dargestellt hat. Mit anderen Worten: Auch wenn wir glauben, unmittelbar verstehen zu können, daß alle kurzfristige Anstrengung, einem Ort gleichsam per Dekret kulturelle Strahlkraft, ja internationalen Magnetismus zu verschaffen, eitel und letztlich fast unmöglich ist, so erscheint es doch unverständlich, wenn nicht gar rätselhaft, daß eine Stadt, die ein halbes Jahrhundert in die Imagepflege als Kulturhauptstadt investiert hat, und dabei noch auf ein weiteres Jahrhundert des schönsten kulturellen Erbes zurückgreifen kann, nicht ein einziges Votum bei einer entsprechenden Umfrage erhält.

Wenn also die kurzfristige Investion nichts hilft und auch die langfristige Imagepflege nichts bewirkt – stehen wir dann nicht vor einem Rätsel? Tatsächlich. Es hat des Gedankens an Wien bedurft, um das eigentliche Rätsel, die wahre Überraschung des Ergebnisses dieser Umfrage zu erkennen, zu benennen und zu lösen.

Es geht bei Fragen der Kunst und Kultur gar nicht um Imagebildung, weder um kurz- noch um langfristige, sondern tatsächlich um nichts anderes als um Kunst und Kultur. Es geht um deren reale Produktions- und Rahmenbedingungen. Imagebildung funktioniert nur bei Waren, die wesentlich Waren sind. Ich kann *grundsätzlich* Schokolade produzieren und in Hinblick auf die *Konsumenten* das *besondere* Bild durchsetzen, daß eine Kuh lila ist, um meine Milchschokolade besser zu verkaufen. Aber ich kann, in Hinblick auf Kunst und Kultur eine graue Stadt nicht zu einer lila Stadt machen, außer sie wird *wirklich* zu einer lila Stadt. Das kann man nicht ändern, nicht in einem Jahr (EU), und nicht in einem halben Jahrhundert (Österreich). Wer Schokoladeesser, Autofahrer, Wohnungsuchende etc. befragt, wo sie Schokolade essen, Autofahren, wohnen wollen, wird die Antwort erhalten: Daheim. Und sollte »daheim« ein Engpaß existieren, wird seine Utopie erst recht sein: Daheim.

Fragt man allerdings Künstler, wo sie ihre Kunst produzieren, anbieten und durchsetzen wollen, dann antworten sie zwar ebenfalls mit »Daheim«, aber: diese Menschen sind nicht an einem Ort, sondern in der Kunst daheim. Das heißt, imagebildende Maßnahmen, egal ob kurz- oder langfristige, haben für die Kunst keine Bedeutung, es sei denn, daß Produktions- und Vermittlungsmöglichkeiten existieren bzw. geschaffen werden, die Künstlern das Gefühl geben, hier »daheim« zu sein, ja mehr noch: hier daheim sein zu wollen.

Wien hat zwar ein *Image* als Kulturstadt – aber das Image ist für *Konsumenten* interessant. In Hinblick auf die Frage nach einem produktiven kulturellen Ort allerdings hat Wien eine gegenläufige *Realität*: nämlich die Realität eines *reproduktiven*, eher musealen kulturellen Zentrums. Das ist wohl der Grund, warum Wien keine einzige Stimme bekommen hat, als Kultur*produzenten* nach ihrer Kulturhauptstadt gefragt wurden.

Nun gibt es in diesem Zusammenhang einen zweiten, ebenso überraschenden Aspekt: Natürlich wurden bei dieser Umfrage auch österreichische Künstler befragt, aber nicht nur Wien, sondern kein einziger Ort in Österreich hat auch nur eine einzige Nennung als kulturelles oder künstlerisches Zentrum bekommen – obwohl Österreich nachweislich die größte Künstlerdichte der Welt hat, und es Bedingungen geben muß, die dies ermöglichen. In keinem anderen Land lebt, umgelegt auf die Bevölkerungszahl, ein so hoher Prozentsatz von Menschen, die als ihren Hauptberuf »Künstler« angeben.

Nun habe ich bereits gesagt, daß Künstler zunächst keine topographische, sondern beinahe grundsätzlich eine ideelle Heimat haben: nämlich die Kunst. Mit jedem Werk will ein Künstler in das Zentrum der Welt, die er reflektiert und zugleich neu erschafft – das heißt aber auch, daß das Zentrum der Welt für einen Künstler auch topographisch immer dort ist, wo er sein Werk produziert. So sehr ein Kunstwerk auch hinauswill aus dem konkreten Ort seiner Entstehung, es ist zunächst und vor allem doch gesättigt von den Erfahrungen des Künstlers an diesem besonderen, konkreten Ort. Jeder Künstler, der radikal aufs Ganze geht und in diesem Ganzen auf das Zentrum zielt, kann, wenn er sich selbst ernst nimmt, die Frage selbst nach dem *Zentrum der Welt* nur emphatisch mit diesem einen Satz beantworten: »Das Zentrum ist *hier*, wo *ich* bin!« Was ist mit dieser Kulturnation passiert, daß kein einziger der hier lebenden Künstler einen Ort in diesem Land als ein über dieses Land hinausstrahlendes, paradigmatisches Zentrum bezeichnen kann oder will? Daß kein hier lebender Künstler *Hier!* sagt?

Bekanntlich haben Städte wie Paris oder London oder eben auch Köln nicht in *Imagepflege* investiert, sondern tatsächlich in die *Bedingungen von Möglichkeiten*. Das ist der Grund, warum dort Dinge geschehen und Dinge entstehen können, die weit über den jeweiligen Ort hinausstrahlen. – Es ist jedwede Lebensproduktion gleichsam aus Bausteinen zusammengesetzt, die so vielfach realitätsgesättigt sind, daß sie grundsätzlich für jeden anderen Lebensort Geltung und Gültigkeit beanspruchen können. Nicht mehr und auch nicht weniger will und braucht die Kunst: Orte mit den Bedingungen von Möglichkeiten, die Welt immer wieder neu zusammenzusetzen. Aus solchem Sein entspringt der Schein, also Image und Strahlkraft, automatisch. Keine Werbeagentur kann sich Kampagnen ausdenken, die dazu führen, daß Künstler und ihre Rezipienten *Hier!* sagen. Aber jeder Ort kann reale Bedingungen schaffen oder ermöglichen, daß dies sehr wohl geschieht.

In diesem Sinn ist das für die Kulturnation Österreich so beschämende Ergebnis der EU-Umfrage zugleich auch eine Frohbotschaft: Wenn wir nämlich lernen mußten, daß Kulturzentren noch lange nicht existieren, nur weil wir sie so nennen, wenn wir also begreifen müssen, daß wir in diesem Land an *jedem* Ort an der Peripherie leben, solange er ein Zentrun bloß in imagebildenden Maßnahmen ist, wenn wir also wissen, daß es, was Kunst und Kultur betrifft, nicht um lila Kühe geht, sondern um reale

Möglichkeiten, um wirkliche und wirklichkeitsgesättigte Möglichkeiten für die Produktion von Kunst, ihre Präsentation, ihre Rezeption, um einen Ort, an dem Erfahrungen gemacht, vermittelt und ausgetauscht werden können, dann muß ein künstlerisches und kulturelles Zentrum in diesem Land nicht länger Fiktion bleiben, muß nicht Utopie sein, auch wenn es das Einfache ist, das schwer zu machen ist. In diesem Sinn will ich Ihnen hier, an diesem Ort, der Kulturzentrum heißt, ein kleines Wort zurufen, das nichts scheint und doch alles ist, worum es geht, ein Wort, das für jeden Künstler das Zentrum seiner Anstrengungen bezeichnet und für jeden Kunstinteressierten das Zentrum seines Interesses – nämlich das Wort *Hier!*

## Die kleinen Vorsitzenden

Der EU-Ratsvorsitz elektrisiert die österreichische Regierung auf eine Weise, die bei immer mehr Österreichern den Wunsch weckt, sich zu isolieren. Ist das der Sinn der Übung? Was treibt die österreichische Regierung dazu, sich ununterbrochen in einer Weise darzustellen, die das Gegenteil dessen bewirkt, was in ihrem Interesse liegen sollte? Eine Diagnose läßt sich, in Übereinstimmung mit Beobachtungen der österreichischen Verhältnisse in der internationalen Presse, ziehen: Die Fetischisierung von Repräsentation und Bürokratie, wie sie die österreichische Regierungspolitik heute betreibt und ausgerechnet als »Reifeprüfung« bezeichnet, ist eine Ersatzhandlung, die davon ablenken soll, daß dieser Regierung jeder Gestaltungswille abhanden gekommen ist. Nicht nur der Wille, auch der Glaube, daß so etwas wie politische Gestaltung überhaupt noch möglich ist. Die peinlichen Versuche der österreichischen Regierungspolitiker, internationale Anerkennung durch individuell demonstrierte radikale Willfährigkeit zu erlangen, isoliert dieses Land viel mehr, als es ein selbstbewußtes Insistieren auf eigenen Interessen je könnte. Denn: Keine Weltauswahl braucht Mitspieler, die vor lauter Willfährigkeit bereit wären, auch Eigentore zu schießen.

Natürlich könnte man jetzt, was da vorgeht, ausführlich analysieren und interpretieren – aber praktikabler scheint es, angesichts der in diesem Land grassierenden und auch von der Regierung beförderten Intellektuellenfeindlichkeit ein Wort zu finden, das die Sache auf den Punkt bringt, und dennoch etwa den Kanzler und die *Kronen Zeitung* intellektuell nicht überfordert.

In der unlängst ausgestrahlten Fernsehdokumentation »Der Tiger läuft frei herum. Kapitalismus pur?« wurde auch der Welser Pfarrer Mayr interviewt, der sich in Initiativen zur Unterstützung von verelendeten Arbeitslosen engagiert. Er sagte sinngemäß: Das Problem bei den Entscheidungsträgern und Verantwortlichen heute in Wirtschaft und Politik sei nicht, daß sie vielleicht zynisch seien, oder oft schlecht informiert, oder daß sie wegen ihrer individuellen Interessenlage trotz bestem Willen keine Vertreter jener Menschen mehr sein können, über deren Schicksal sie unausgesetzt entscheiden – das Problem sei in Wahrheit, daß sie einfach dumm seien. Und er wiederholte, mit dem Ausdruck von Erschütterung und zugleich der Autorität eines Mannes, der nicht bloß einmal, nicht dreimal, sondern der ununterbrochen bei seiner Arbeit diese Erfahrung machen mußte: »Sie sind einfach dumm!«

Unmittelbar danach wurden in dem Film Wortspenden von österreichischen Managern und Industriekapitänen eingespielt, die diesen Befund überaus schlüssig bestätigten. Jedes denkende Gemüt, das diesen Film sah, mußte fassungslos feststellen: »Ja, sie sind dumm!« Es gibt kein anderes Wort, keinen Begriff, der angemessener gewesen wäre, und nichts, das diesen Eindruck relativieren hätte können. Nicht einmal die enorme Selbstgefälligkeit dieser Menschen reichte auch nur bis in Sichtweite an ihre Dummheit heran. Sie reden von Wirtschaftsgesetzen, als wären sie Naturgesetze – und wissen von diesen angeblichen Naturgesetzen nicht einmal, welche Erfahrungen Menschen bisher mit ihnen gemacht haben, zum Beispiel daß sie, vor nicht allzu langer Zeit, fassungslos vor Trümmerhaufen gestanden sind und geschockt »Nie wieder« gestammelt haben. Sie wissen auch nicht, beziehungsweise schon gar nicht, daß in der Geschichte der Menschheit alle angeblichen und erst recht alle wirklichen Naturgesetze nur mit der Absicht erkannt und anerkannt wurden, um sie zu unterlaufen, außer Kraft zu setzen, zu domestizieren, damit der Mensch glücklicher werde. Blitze zum Beispiel wurden deshalb erforscht, um Blitzableiter zu entwickeln, und nicht, um sich mit wissendem Fatalismus ihnen besser aussetzen zu können. Hört man aber österreichischen Wirtschaftsmanagern zu, bekommt man den Eindruck, daß ihrer

Meinung nach nicht nur Blitze naturgesetzlich passieren, sondern auch, daß wir hinzunehmen haben, wenn wir von ihnen getroffen werden. Man kann also sagen, daß die Dummheit jener, die für Österreichs Wirtschaft verantwortlich sind, sich nicht darin erschöpft, Prozesse, die Menschenwerk sind, als »Naturgesetze« zu sehen – sie sind, unter Voraussetzung ihrer äußerst dürftigen Hypothese, nicht einmal daran interessiert, sich dann wenigstens mit »Naturgeschichte« zu beschäftigen.

Das sind die Menschen, die über abertausende Schicksale entscheiden? Ja und nein. Sie wissen es und sie tun es. Es sind Menschen, die völlig aus der Fassung zu bringen wären, würde ihnen einer gegen den Strich durch das Haar fahren oder ihnen die Anzugweste, die ihren Körper zugleich panzert und zusammenhält, öffnen oder gar wegnehmen; Menschen, die in grotesker Überanpassung an ihre unreflektierten angeblichen Naturgesetze noch als Angeklagte vor Gericht mit demonstrativ übergroßen Krawatten und schneidend harten Hemdkragen sitzen und mit einem bloß durch Selbstmitleid gemilderten, in Manager-Seminaren erlernten Ausdruck »kalter Dynamik« die Schuld auf »die Politik« abwälzen ... Und, ja, sie sind tatsächlich nicht nur verantwortungslos, sie sind wirklich nicht verantwortlich. Aus einem einfachen Grund: weil sie ihre unendliche, hochbezahlte Dummheit nur innerhalb des Kontexts ausführen können, den die Politik ihnen vorgibt.

Leider ist in diesem »Kapitalismus pur«-Film kein Politiker interviewt worden. Warum nicht? Pater Mayr hat doch ausdrücklich Wirtschaftshaie *und* Politiker gleichermaßen mit seinem Verdikt bedacht.

Vielleicht sind Klima und Schüssel et alii deshalb für diesen Film nicht interviewt worden, weil – im Gegensatz zu den »Managern« – ihre Wortmeldungen ohnehin täglich von den Medien in alle Haushalte transportiert werden. Tatsächlich genügt es, das Altpapier, das man noch nicht entsorgt hat, hervorzuholen, neben den Schreibtisch zu legen und in den Tageszeitungen der vergangenen Wochen zu schmökern.

Sehr rasch, und noch radikalisiert durch die Distanz, die eine tagealte Tageszeitung gibt, kann man feststellen, daß sie noch dümmer sind, als es ein durch die Macht des österreichischen Boulevard verwüstetes allgemeines Bewußtsein nahegelegt hätte. Sind Manager dumm, weil sie ihre angeblichen Sachzwänge als Naturgesetze sehen, dann sind die Regierungspolitiker noch dümmer, weil sie ihre eigenen Sachzwänge gar nicht, die Sachzwänge der Wirtschaft aber ebenfalls als ihre Naturgesetze sehen. Ihre Dummheit ist also eine doppelte, weil ihre Entfremdung eine doppelte ist. Die Sachzwänge, die die österreichische Regierung zur Richtschnur ihres Handelns, besser gesagt zur Begründung ihrer Immobilität macht, sind objektiv nicht die Verpflichtungen von mehrheitlich gewählten politischen Interessenvertretern, sondern die einer Minderheit der österreichischen Gesellschaft und einer radikalen Minderheit der Weltbevölkerung. Diese Minderheit ist, seit es bürgerliche Gesellschaften gibt, immer gezwungen gewesen, ihren leicht identifizierbaren Interessen im Rahmen der legistischen Möglichkeiten nachzugehen, die die bürgerlichen Staaten ihnen gegeben haben. Österreich aber wird heute dem Satz, es sei ein Laboratorium, in dem der Weltuntergang geprobt werde, insofern wieder einmal gerecht, als diesem zwar machtvollen, aber zugleich bloß minderheitlichen Interesse die Möglichkeit gegeben wird, sich ohne Abstimmung mit den Interessen anderer Bevölkerungsgruppen, ohne Rücksicht auf zumindest die Idee von »Gemeinwohl«, zu entfalten.

Jahrelang sind Linksintellektuelle in diesem Land verhöhnt worden, und was da lächerlich gemacht wurde, war die These, die Prämisse der marxistischen Kapitalismuskritik, es gebe im Kapitalismus ein simples Primat der Ökonomie über die Politik. Aber seit dem Zusammenbruch der Sowjetunion und ihrer Glacisstaaten wird der Kapitalismus genau nach diesem Gott-sei-bei-uns-Muster verstanden: Ja, hier herrscht tatsächlich ein Primat der Ökonomie über der Politik, und dagegen können wir nichts tun. Und das ist, in dieser historischen Situation, einfach dumm. Noch nie, nicht einmal in Hegels schrulliger Dialektik, haben die Sieger eines Konflikts die Prämissen des Unterlegenen nahtlos und unreflektiert zu den eigenen gemacht. Es hat nur einer einmal aussprechen müssen, und plötzlich sehen wir: Wir brauchen keinen komplexeren, keinen differenzierteren Begriff, es genügt: Dumm!

Wenn es eine marxistische These gibt, die von der Geschichte – zumindest in Österreich – nachdrücklich widerlegt wurde, dann die: »Noch nie haben die Inhaber der Macht ihre Macht freiwillig aufgegeben« (Karl Marx). Denn jede österreichische Regierung der Zweiten Republik hat nichts anderes getan, als ihre durch Wahlen legitimierte Funktion augenblicklich an eine nie durch Wahlen legitimierte Nebenregierung abzutreten. Das war die Glanzzeit der Sozialpartnerschaft. Als Österreich der EU beitrat und feststellen mußte, daß das europäische Großkapital wenig Geduld mit diesem seltsamen, vom Austrofaschismus herübergeretteten System hat, wurde die österreichische Regierung blitzschnell erneut willfährig und teilte mit: »Wir sind es gewohnt, die Macht, die uns demokratisch gegeben wurde, nicht auszuüben, wir haben daher kein Problem – wenn schon die österreichische Sozialpartnerschaft nicht mehr funktionieren kann – sie jetzt an die europäischen Konzerne abzutreten!!!«

Daß »die Wirtschaft« Interesse an der Anerkennung eines Primats der Ökonomie über die Politik hat, kann man noch verstehen, daß aber »die Politik« diesem Primat nachgibt, das ihre ureigensten Aufgaben, nämlich die an sie delegierten Interessen, untergräbt, ist völlig unverständlich – zeigt das doch, daß die österreichischen Politiker nicht einmal zu einem Pawlowschen Reflex fähig sind, sondern sich im Konflikt zwischen Signal und Hund selbst gleich zum Futternapf degradieren.

Alles, was wir heute unter dem Titel »österreichische Regierungspolitik« beobachten können, ist nichts anderes als systematische Flucht vor Verantwortung: Privatisierung, Ausgliederung, Auslagerung, Entstaatlichung, Distanzierung, Transformation in Stiftungen, die zwar immer noch von öffentlichen Geldern gespeist werden, aber – weil jetzt »privat« – nicht mehr öffentlich kontrolliert werden können, jedoch ist weit und breit keine Politik feststellbar, die selbstbewußt, weil demokratisch legitimiert, zumindest Signale setzt in der großen zeitgenössischen Herausforderung: *Wir*, die demokratisch legitimierte Politik, produzieren die Rahmenbedingungen, nach denen sich die Konzerne verdammt noch einmal zu richten haben. Wir haben uns allzulange als Volk der Kellner und Sängerknaben dargestellt, aber heute haben *wir*, die Politiker, ein ganz simples, sowohl unserer prinzipiellen Situation als auch der welthistorischen Herausforderung einzig angemessenes Interesse, nämlich: Dem Herrschaftsanspruch der Ökonomie über die Politik das Primat der Politik über die Ökonomie entgegenzustellen! Noch dazu unter radikal verbesserten Voraussetzungen: Nämlich, dank EU, durch ein radikal intensiviertes Zusammenspiel mit den Regierungen anderer europäischer Länder. Und jetzt wollen wir sehen, zu welchen vernünftigen, und für alle tragfähigen Kompromissen wir in dieser Auseinandersetzung finden!

Der Satz, daß »die Globalisierung« aktive und gestaltende Politik in einem einzelnen Land nicht mehr zulasse, sondern jedes Land zu einem bloßen Reagieren auf die internationale Entwicklung zwinge, ist eine Ausrede, die nur noch in Österreich ein heftiges zustimmendes Kopfnicken auszulösen vermag. Denn in Wahrheit vergrößert gerade die internationale Vernetzung die Möglichkeiten der Politik genauso sehr wie die des Kapitals. Die Globalisierung entfesselt nicht nur die Möglichkeiten der Konzerne, sie ist auch und vor allem eine politische Befreiung: Sie verhindert das, was früher »Finnlandisierung« oder »Albanisierung« genannt wurde, und verleiht demokratischen Interessen Universalität und damit mehr Schubkraft. Es gibt zahllose Beispiele dafür, wie nationale Regierungen sich zu politischen »global players« entwickelt haben oder entwickeln, und wie es ihnen gelingt, nationale Interessen als zivilisatorische Ansprüche der demokratischen Welt insgesamt zu verkaufen. Aber ach, ist das nicht vielleicht eine Nummer zu groß für Österreich? »Österreich ist ein kleines Land!«. Nein. Das ist der Lieblingssatz bloß jener Politiker, die sich aus rätselhaften Gründen in Verantwortungen wählen lassen, die sie dann scheuen. Nein, nicht Österreich ist klein, klein ist hier nur der Mut.

Wie stark, wie herrisch, wie machtvoll diese Regierung dann ist, wenn sie weiß, daß sie internationalen Konzernen oder nationalen Meinungsumfragen nicht dazwischenzufunkt, da regiert sie plötzlich, da zeigt sie ihre Macht, spielt sie aus: Da ist sie glatt imstande, die Presseförderung für eine Zeitung zu streichen, in der regierungskritische Essays erscheinen. Wie dumm das ist und wie peinlich, daß sie nicht merkt, daß sich die Wähler aktives Eingreifen nicht als Allüre, sondern als Programm von ihren politischen Repräsentanten wünschen – nicht zum Zweck eines Knebelungsversuchs der Meinungsfreiheit, sondern in Hinblick auf die vitalen Lebensinteressen der Republik! Aber sie sind bereits allzu sehr aufeinander fixiert, der Hund und der Napf, also die Industrie (vertreten durch die Meinungsindustrie) und die Regierung (vertreten durch die das Volk nicht mehr vertretenden Vertreter), sodaß eine über das Niveau einer Klatschspalte hinausgehende Diskussion einfach nicht mehr möglich ist.

Lese ich in einer Zeitung (ich beziehe mich jetzt nur auf den Altpapierhaufen der letzten Wochen neben meinem Schreibtisch), daß der Manager einer Handelskette ohne kritische Gegenfrage in einem Interview absondern darf: »Für Intellektualität ist in unserem Konzern kein Platz«, lese ich in einer anderen Zeitung, daß der Kanzler ein Grubenunglück zum Anlaß für intellektuellenfeindliche Äußerungen nimmt. Und tausende österreichische Jugendliche finden keine Lehrstelle, weil sie nicht Lesen und Schreiben können? Vielleicht hat der Kanzler sie deshalb aufgefordert, sich *persönlich* an ihn zu wenden – weil sie ihm ja nicht schreiben können. Lese ich in der nächsten Zeitung, daß ein von seinem Konzern vorübergehend freigestellter EU-Politiker die österreichische Neutralität ungefragt, beziehungsweise nur von dieser Zeitung befragt, als »heute obsolet geworden« bezeichnet, lese ich schon in einer anderen Ausgabe dieser Zeitung die selbe Formulierung, nur diesmal aus dem Mund eines österreichischen Regierungsmitglieds, verschärft allerdings durch den jede Intelligenz beleidigenden Zusatz: »Das bedeutet aber nicht, daß wir die Neutralität deswegen abschaffen müssen.« Schlage ich ein Dutzend Zeitungen auf und drapiere sie auf dem Fußboden, dann stolpere ich zumindest ein halbes dutzendmal über die peinigende Selbstbeweihräucherungsphrase »Wir sind Musterschüler ...«

»Wir«, wenn wir darunter die Republik verstehen, sind, nebenbei gesagt, über fünfzig! Versteht Viktor Klima *das* unter »lebenslangem Lernen« (natürlich unter Vermeidung einer intellektuellen Entwicklung)? In Wirklichkeit denkt man bei diesem Satz unwillkürlich an die schauerliche Figur des »Bubi«, des fünzigjährigen Manns im Matrosenanzug, in Gerhard Fritschs Buch »Katzenmusik«. Aber wer hat diese luzideste aller literarischen Beschreibungen der Zweiten Republik schon gelesen? (Laut Verkaufszahlen eintausenddreihundertsechsundsiebzig Menschen!) Wie auch immer, man muß ja nicht ein bestimmtes Buch gelesen haben, um zu fragen, warum die nach Kreiskys Oberlehrerattitüden zur willfährigen Musterschülerneurose verkommene österreichische Regierungspolitik nicht endlich ganz normal *erwachsen* werden kann? Warum kann der überfünfzigjährige Kanzler nicht den Matrosenanzug ausziehen und ganz einfach mit einer festen, vom Stimmbruch schon längst nicht mehr tangierten Stimme sagen: Ich habe als von einer Mehrheit gewählter *Politiker* das Primat der *Politik* zu behaupten, und ich vertrete die Interessen, die zu vertreten ich gewählt worden bin, so, daß all jene, die in dem großen Kontext, in dem ich arbeiten muß, *andere* Interessen haben, unsere Interessen *anerkennen* können. Ich will nicht Musterschüler sein, der alle von außen an mich herangetragenen Ansforderungen unhinterfragt erfüllt und als »Hausaufgaben« bezeichnet, sondern ein Erwachsener, der um die Interessen, die er durchzusetzen hat, auf eine anständige Weise kämpft. Und ich will *dafür* wiedergewählt werden, und nicht deshalb, weil ich die Interessen jener, die mich nicht gewählt haben, brav erfülle, als wären es Naturgesetze, und zwischendurch meine Frau in den Boliden eines österreichischen Nachwuchsrennfahrers setze, was naturgemäß die Seitenblickgesellschaft amüsiert ...

Und – nein, Schluß. Es ist mir zu dumm.

# Neutralität in Österreich und der Schweiz: Kein Vergleich

Die Schweiz war für Österreich nach 1945 das große Vorbild, dem es nicht nacheiferte, um so zu werden wie sie. Reich, sozial friedlich, in der Welt anerkannt und beliebt. Reich ist Österreich geworden, zumindest gemäß den Statistiken, die nur Zahlen enthalten und nicht Schicksale und Mentalitäten. In Österreich hält man für einen »Multi« einen Kellner, der in einem Tourismuslokal gleich fünf Tische bedienen muß, wo Menschen aus drei verschiedenen Nationen zu konsumieren wünschen. Sozialer Friede konnte errungen werden, allerdings nicht auf der Basis einer gewachsenen Kultur der Diskussion und Demokratie, sondern durch deren sozialpartnerschaftliche Vermeidung. Und internationale Beliebtheit versucht Österreich durch das Verhalten eines »Musterschülers« (das ist tatsächlich das Lieblingsvokabel der österreichischen Selbstdarstellungsrhetorik) zu erringen, und nicht wie ein »Erwachsener«, um im Bild zu bleiben, der seinen Interessen auf eine Weise nachgeht, daß auch jene, die andere Interessen haben, sie achten können.

Die Schweiz war für Österreich ein Trittbrett, auf das man, bevor der Zug abging, aufsprang – um dennoch in die andere Richtung zu fahren. Als Österreich den Staatsvertrag und damit seine Unabhängigkeit wollte, versprach man den Großmächten, neutral zu werden »nach dem Vorbild der Schweiz«. Diese Formulierung wurde dann zwar aus dem Moskauer Memorandum und aus dem »Verfassungsgesetz zur immerwährenden Neutralität« wieder gestrichen, aber tatsächlich ist heute die Neutralität ein Fetisch des allgemeinen Bewußtseins, wie in der Schweiz – nur die politische Praxis ist, anders als in der Schweiz, das genaue Gegenteil.

Die Schweiz ist für Österreich eine beispielhafte Ausnahme von verschiedenen Regeln – kompliziert ist nur, daß Österreich sich nie entscheiden konnte, ob es ein Beispiel für die Regeln oder die zweite Ausnahme werden will. Nein, »will« ist das falsche Wort, Österreich will durchaus, und zwar beides: Den Regeln entsprechen und Ausnahme sein. Entschuldigend: »Wir sind nur ein kleines Land«, und stolz: »Auch ein kleines Land kann ›groß‹ sein!«. Oder: »Menschen verschiedener Sprachen können gleichberechtigt und anerkannt mitsammen im selben Staat leben« (Verfassung), und »Das kann normalerweise nicht funktionieren!« (österreichische Realität).

Die Schweiz ist so sehr das Gegenteil von Österreich, daß sogar jene Österreicher, die das Gegenteil von Österreich sein wollen, das Gegenteil der Schweiz bleiben. Historisch: Als Vorarlberg in einer Volksabstimmung mit großer Mehrheit beschloß, sich der Schweiz anzuschließen, sagte die Schweiz »Nein, Danke«. So blieb Vorarlberg bei Österreich und ist heute bloß das Gegenteil von Wien. Und heute: Wenn sich »Österreichkritiker« diametral dem österreichischen Selbstgefühl entgegenstellen wollen und rufen: »Wir sind *keine* Mozartkugeln!«, dann sind sie eben deshalb doch welche, weil noch kein Schweizer gefunden wurde, der aufstampfte und sagte: »Wir sind *keine* Kuckucksuhren«. Vielleicht hat das damit zu tun, daß die Kuckucksuhr zur Swatch weiterentwickelt wurde, die Mozartkugel aber nur zum Mozarttaler, was grundsätzlich das gleiche ist wie vorher, nur daß es so ausschaut, als wäre jemand drauf herumgetrampelt.

Die Schweiz ist das Land, mit dem Österreich Berührungspunkte hat, die beide am liebsten nicht mehr berührt hätten. Beide haben von der Nazizeit profitiert, die Schweiz gemäß der Logik des Kapitals, Österreich entgegen jeder menschlichen Logik. Die Schweiz hatte sich spezialisiert auf eingeschmolzenes Gold, die Österreicher auf das Verbrennen von Menschen.

Sind Schweizer gelassen, sagt man: *Die Schweizer sind gelassen.* Sind Österreicher gelassen, fragt man zu Recht: *Wer läßt sie?*

Das sind die Hauptgemeinsamkeiten. Es gibt kaum größere Unterschiede.

# Ein Lobgesang auf den Untergang
## 150 Jahre *Die Presse*

*Die Presse*, dieses alte Flaggschiff der österreichischen Printmedien, ist unsinkbar wie die Titanic.

Damit Sie diesen Vergleich als Ausdruck der Anerkennung einer Erfolgsgeschichte verstehen, muß ich kurz die Geschichte der Titanic rekapitulieren. Diese Geschichte hat vier Kapitel:

1. Kapitel: Die Titanic wird vom Stapel gelassen und euphorisch gefeiert – das Schiff gilt als unsinkbar.

2. Kapitel: Die Titanic sinkt doch.

3. Kapitel: Seither fährt die Titanic ununterbrochen über das Meer, als ein Mythos, der immer neue Geschichten, immer neue Bilder, immer wieder neue Auseinandersetzungen produziert, sie versorgt uns unausgesetzt mit den letzten Informationen von der Kommandobrücke, vom Ober- und Unterdeck, sie beschäftigt bis heute die Kapitalverwertungsinteressen der großen Industrie ebenso wie die Phantasie des kleinen Bürgers. Die Titanic wurde zum unverwüstlichen Transportschiff, das, gleichsam als sich stets modernisierendes Medium, die Botschaft transportiert, wie eitel alle menschliche Hybris vor dem großen Horizont sei. So durchkreuzt die Titanic immer wieder aufs Neue die Untiefen und Strömungen, vor allem den jeweiligen Mainstream. So erwies sich die Titanic tatsächlich als unsinkbar.

Auf das 4. Kapitel komme ich ein wenig später zu sprechen, zunächst zurück zur *Presse*. Genauso wie die Titanic hat auch die *Presse* den Untergang zur Grundlage Ihres langen Lebens gemacht. Hundertfünfzig Jahre sind ja nur auf den ersten Blick eine beeindruckende Kontinuität, bei genauerer Betrachtung erweist sich diese Zeitspanne als ein sich fortwirkendes Geflecht von

Enden. *Die Presse* ist bei ihrer Gründung als größte Innovation des österreichischen Zeitungsmarkts euphorisch begrüßt worden, aber als Produkt der bürgerlichen Revolution gleich einmal mit dieser gescheitert. Sie, gegründet im Morgenrot einer neuen Freiheit, mußte, als die Freiheit schwand, ausgerechnet mit dem Namen *Neue Freie Presse* neugegründet werden. Als bürgerliche Zeitung ohne entwickelter bürgerlicher Gesellschaft mußte sie untergehen, sie tat es zäh, ihren Untergang zelebrierend, bis sie verschwinden mußte mit dem Untergang des ersten demokratisch-republikanischen Staates. Nochmals neugegründet, im Neuen Österreich, nach wiedererrungener Freiheit, verschwanden die Attribute Neu und Frei aus ihrem Namen, aber endlich fand sie sich in einer bürgerlichen Gesellschaft wieder – in der nun allerdings, aus bekannten Gründen, das Bürgertum verschwunden war. Von der bürgerlichen Zeitung ohne bürgerlichen Rechtsstaat war sie zur bürgerlichen Zeitung ohne Bürgertum geworden, jene Zeitung Österreichs und wahrscheinlich der Welt mit dem größten Untergangs-Know-how. Sie schrieb und war mit allem, was sie schrieb, bereits abgeschrieben, nach der Einschätzung der neuen freien Intelligenz war sie längst untergegangen in den großen paradigmatischen Auseinandersetzungen mit den ehemaligen *Presse*-Mitarbeitern Karl Kraus und Karl Marx, und nach den Gesetzen des neuen freien Marktes galt sie bereits als programmierter Verlierer in der Auseinandersetzung mit dem Herrn Karl, der lange Zeit als Chiffre für das allgemeine Bewußtsein in Österreich stehen konnte. Für den Herrn Karl war *Die Presse* allerdings nicht gegründet und wieder und wiedergegründet worden, am ehesten vielleicht noch für den Herrn Dr. Karl, aber der war noch nicht promoviert.

Da war offenes Meer, und weit, sehr weit, jenseits des Horizonts, war die Freiheitsstatue, aber *Die Presse* sah sich links und rechts zermalmt, von Weltuntergangstern und Weltunterganghofers, unausgesetzt taten sich Abgründe auf, in jeder Spalte der *Presse* schien gleich das Abendland unterzugehen, die alte Welt mit all ihrem Glanz – nur: in Österreich hatte sie so ohnehin nie wirklich existiert. *Die Presse* konnte nicht anders, sie mußte ihre Spalten füllen, sie bäumte sich auf und machte über Jahre hinweg den Eindruck eines eingefrorenen Standbilds der aufgerichteten Titanic in den Minuten vor ihrem Untergang.

Ich komme nun zum vierten Kapitel der Geschichte der Titanic. Mit ihrer neuesten, jüngst angetretenen Fahrt feierte die ewig auf den Untergang abonnierte Titanic ihren bislang größten Triumph. David Camerons *Titanic*-Film beweist definitiv, was *Die Presse* immer schon vorgeführt hat: Nicht nur, daß langes Sterben zum längsten Leben, schönes Sterben zum schönsten Leben führt, sondern vor allem, daß es in Wahrheit der Untergang *der anderen* ist, der letztlich den eigenen Untergang zu einer soliden Geschäftsgrundlage macht. Als Karl Marx *Das Kapital* schrieb, hieß die volkswirtschaftliche Rubrik in der *Presse* »Der kleine Kapitalist« – heute feiern sich die kleinen Kapitalisten in Österreich als Sieger der Geschichte, Kapital hin oder her. Und Karl Kraus, der Todfeind der *Presse*, wird in keiner anderen Zeitung so exzessiv zitiert, wie in eben diesem Blatt, es war nicht *Die Presse*, es war Karl Kraus, der untergehen mußte, als er plötzlich Hirschbold hieß.

Genauso ist der heutige Erfolg des Untergangs der Titanic im Untergang der anderen, der Feinde, begründet. Im Weltmaßstab ist der Stalinismus plötzlich und unglaublich schnell untergegangen. Und nie wurde seither dieser Untergang so radikal, so konsequent, so punktgenau, so schön zelebriert, wie in Camerons Titanic-Film: Da ist der heroische Proletarier vom Unterdeck, der reine Gegensatz zu der verkommenen, korrupten Bourgeoisie oben in der ersten Klasse. Er verliebt sich in eine unschuldige, sensible Tochter des Geldadels, die durch diese Liebe folgerichtig Klassenverrat begeht. Der Proletarier ist schöner, als es ein Vertreter der herrschenden Klasse je sein könnte, und in seiner moralischen Überlegenheit ist es er, der der höheren Tochter das Leben rettet. Unglaublich ästhetisch stampfen und dampfen die großen Maschinen im Schiffsbauch, doch die schwielige Faust vermag nichts auszurichten gegen die verlotterte, eitle Hilflosigkeit auf der Kom-

136

mandobrücke. Naturgewaltig die Naturgewalten, nur einer vermag die unaufhaltsamen Massen des eindringenden Wassers zu dirigieren, bis das Rettungswerk vollbracht ist, der Proletarier, der dann selbst in den Fluten erfriert – es gibt für die Guten keine Wärme in dieser kalten Welt. Eisenstein, und auf jeden Fall Stalin wären die allerbegeistertsten Fans dieses Films gewesen – der zum größten kommerziellen Erfolg der kapitalistischen Filmindustrie wurde.

Ob die Presse Karl Kraus zitiert, oder Hollywood die stalinistische Ästhetik, es ist das Überlebens-, mehr noch, das Erfolgsrezept jener, die zwar von der Geschichtslogik zum Untergang bestimmt waren, aber mit dem Fortgang der Geschichte ihre Geschäfte machen.

Wir haben jetzt gelernt, daß die klassischen Zuordnungen und alle Prognosen nur stimmen, wenn sie auf den Kopf gestellt werden, und wir hätten dies schon längst, in der hundertfünfzigjährigen *Presse*-Geschichte und schließlich in der Geschichte der Zweiten Republik, lernen können: In allen bürgerlichen Gesellschaften hat die bürgerliche Qualitätspresse Macht, während die Boulevardpresse täglich nur den Anschein von Einfluß auf die Massen zelebriert. In Österreich aber hat *Die Presse* bloß Einfluß, während die Mächtigen submissest beim Boulevard um eine gute Nachrede betteln. In den großen bürgerlichen Zeitungen der Welt befindet sich regelmäßig ein aufgeschlossenes Feuilleton in Widerspruch zu den konservativen bis reaktionären Politik- und Wirtschaftsseiten, in Österreich aber, in der *Presse*, sehen wir ein Feuilleton, mit dem Namen *Spectrum*, in Widerstreit mit dem Kulturteil des eigenen Blattes. Auf den Kulturseiten wird Politik gemacht, in der Wochenendbeilage aber Kultur. Und während die Weltpresse Ausschau hält nach einer da oder dort sichtbaren Spitze eines Eisbergs, auf den Welt gerade zusteuert, hat *Die Presse* bereits einen Chefredakteur und Leitartikler mit dem programmatischen Namen Unterberger.

Die Titanic hatte übrigens vier Schornsteine – aber nur drei waren »echt«, das heißt, nur drei waren technisch notwendig und hatten Funktion. Die Konstrukteure der Titanic entschlossen sich aber, einen vierten Schornstein ausschließlich aus ästhetischen Gründen, der Symmetrie zuliebe, auf das Schiff zu setzen. So sah es schöner aus, besser proportioniert, aber dieser vierte Schlot war eine bloße Attrappe, hat also nie geraucht. In David Camerons Film aber kommt Rauch aus allen vier Schornsteinen. David Cameron hatte natürlich die Konstruktionspläne der Titanic genau gekannt, dennoch konnte er sich, ebenfalls aus ästhetischen Gründen, bei aller Authentizitätsbesessenheit nicht dazu durchringen, im Film nur drei der vier Schornsteine rauchen zu lassen – es hätte für den Betrachter in den Bildern etwas gefehlt, es hätte nicht »echt«, sondern wie ein Regie- und Produktionsfehler gewirkt.

Wenn das keine Metapher für ein Medium ist! Was schon in der Wirklichkeit virtuell ist, wird in der virtuellen Realität echt und scheint zu funktionieren. Wir aber sitzen beiden Bildern auf. Was kann da wirklich untergehen? Da nichts Echtes, dort nichts echt.

Wahrscheinlich ist es in dieser Dialektik des Untergangs begründet, daß *Die Presse*, das Zentralorgan des Untergangs, so langlebig ist, so echt und, ja, authentisch erscheint.

Thomas Bernhard, Österreichs größter Seismograph des ewigen Untergangs, hat einmal Wellen geschlagen in Österreich mit den Worten: »Es ist alles lächerlich, wenn man an den Tod denkt«. Wie ist es aber, wenn man naturgemäß den Tod überlebt hat? Was ist das für eine Frage in einem Land, in dem es Lebenssinn und letzter Zweck – mit den Worten des österreichischen Philosophen »Schneckerl« Prohaska – immer nur sein konnte, nach dem programmierten Untergang »erhobenen Hauptes heimzufahren«?

Willkommen zu Hause! Ad multos annos!

## Sterbensworte
### Ruth Beckermanns Film *Jenseits des Krieges*

Warum haben wir von den Verbrechen der Nationalsozialisten so klare Vorstellungen, obwohl doch über diese Zeit immer so beharrlich geschwiegen wurde? Und warum gibt es, trotz unseres grundsätzlich so unverbrüchlichen Wissens, immer wieder so großes Erstaunen und solch erbitterte Diskussionen, wenn neue Details bekannt werden? Und warum ändern diese seit zumindest zwei Jahrzehnten regelmäßig so heftig ausbrechenden Diskussionen nichts an unserem Eindruck, vor einer Mauer des Schweigens zu stehen?

Wer schwieg, tat es beredt, und diejenigen, die redeten, wollten schweigen können. Aus! wollten sie sich drücken. War es das?

Ruth Beckermann läßt in ihrem Film *Jenseits des Krieges* Menschen reden. Es sind überwiegend ehemalige Wehrmacht-Soldaten, die, bei der sogenannten Wehrmachtausstellung mit ihrer Vergangenheit konfrontiert, von damals erzählen. Es ist zunächst und vordergründig ein Film über das Reden, buchstäblich ein Anschauungs-Unterricht über das Erzählen. Aber die noch viel zu wenig gewürdigte Pointe des Films ist: Er führt zu einer Neubewertung des Schweigens.

Ich muß gestehen, daß mich die Erzählungen der alten Krieger, wenn man sie zum Reden bringen konnte, nie interessiert haben. Ich will das, was ich weiß, nicht in den Rang eines simplen Vorurteils erheben und nur noch selbstgerecht nicken, wenn die Verstockten sich entlarven und die Reumütigen sich verstricken. Genausowenig interessieren mich übrigens die Betroffenheitsdemonstrationen der Guten. Sollte sich der common sense ändern, hätten es die Verstockten immer schon gewußt und ihre

Treue würde ihnen wieder zur Ehre gereichen, die Geläuterten würden läuten wie ehedem und ihre tätige Reue zerfiele wieder in die Teile, aus denen sie besteht: zuerst Täter sein und dann bereuen. Und die Guten, funktionieren sie nicht allzudeutlich so wie diese moralisch integren Ehepartner, die man sofort verlassen sollte, denn – wie Karl Kraus schrieb: »So wie sie heute mir treu ist, ist sie schon morgen einem anderen treu.«

Muß ich das mit immer neuen Details unterfüttert bekommen? Muß ich mir das immer wieder aufs Neue vorführen lassen? Muß ich das alles wissen? Kurz: Muß man alles wissen, um zu wissen? Muß man zum Beispiel wissen, daß die numerische Exzentrizität der Erdumlaufbahn um die Sonne 0,017 beträgt, um zu wissen, daß sich die Erde um die Sonne dreht? Und wenn diese Zahl strittig wäre, wenn konkurrierende Berechnungen ergäben, daß sie »nur« 0,012 betrage – was wissenschaftlich einen enormen Unterschied machte –, würde dies für uns etwas am Grundsätzlichen ändern? Nein.

Natürlich kann man naturwissenschaftliche und ideologische Weltbilder nicht gleichsetzen. Aber soweit trägt der Vergleich: Es geht zuallererst und letztlich um das Grundsätzliche und nicht um Details. Details sind nur solange sozial dynamisch und mächtig, solange sie allgemeinen Lebensgrundsätzen profund widersprechen und sie umstoßen können. Ist das nicht mehr der Fall, sind sie nur noch für Experten interessant, ein unendliches Feld der Fachwissenschaften. Kein Detail, keine individuelle Erfahrung kann heute das kopernikanische Weltbild mehr umstürzen. Deshalb weiß ein heutiger Experte tausendmal mehr als Galileo Galilei, während wir alle nur einen kleinen Bruchteil dessen wissen, was Galileos interessierte Zeitgenossen oder Nachfolger zu verstehen begannen. So und nicht anders funktioniert »Akkumulation von Wissen«: Hat es sich durchgesetzt, sind wir auf höherem Niveau dümmer. Gut, wir alle können uns mit unserer wissenden Ignoranz oder unserem ignoranten Wissen täuschen, doch wenn alle sich täuschen, eine überwältigende oder überwältigte Mehrheit, dann ist das Detail für das gesellschaftliche Verhalten erst recht belanglos, wird vom Grundsätzlichen gleichsam weggeschnupft. Mir ist zum Beispiel nicht bekannt, daß – als Juden in die Lager abtransportiert wurden – Massen aufgestanden wären, die gesagt haben: »Wir haben einen jüdischen Nachbarn/ Hausarzt/Anwalt/Bridgepartner/Oberkellner/Kinobilleteur/Wenauchimmer, und aufgrund unserer Erfahrungen mit diesen Einzelfällen können wir nicht verstehen, daß *alle* Juden jetzt ihrer Bürgerrechte beraubt, erniedrigt, deportiert und umgebracht werden«. Aber das Gegenteil ist sehr wohl in zahllosen Fällen dokumentiert: Positive persönliche Erfahrungen mit einzelnen Juden konnten die grundsätzliche Verachtung *der* Juden und den grundsätzlichen Haß auf sie nicht aufheben. Steht das Grundsätzliche fest, ist der Einzelfall *bloß* ein Einzelfall, und man kann damit alles beweisen, bis auf eins: daß der Grundsatz falsch ist.

Das Zweite ist, wie wir mit unseren unumstößlichen Grundsätzen leben, leben können. Man hat bekanntlich mit dem ptolemäischen Weltbild leben können, obwohl dessen Verteidigung zahllose Leben gekostet hat. Aber heute ist klar, daß es sich besser lebt mit dem kopernikanischen, individuelle Sinneserfahrungen hin oder her. Wir steigen in Flugzeuge ein, mit oder ohne Flugangst.

Das ist der Unterschied zu unseren Grundsätzen in der Einschätzung der ganzen Nazi-Geschichte: Dieser common sense ist zwar ebenfalls ein zivilisatorischer Fortschritt, aber – es lebt sich schlechter mit ihm. Er ist eine Bürde, mehr: eine Wunde, die schon aufbricht, wenn wir sie nur betulich betrachten. Die ehemaligen Täter, die tatkräftigen Mitläufer, und erst recht deren Nachkommen wissen, was sie heute zu sagen haben. Ist mehr zu erreichen? Ja. Mehr Details, viel viel mehr, aber das ist dennoch immer viel weniger als das Ganze.

Man kann sie reden lassen. Und zeigen, daß wir nichts wissen, wenn wir nur das Grundsätzliche wissen, aber daß es doch genügt, wenn wir nur dies wissen. Ist ein Grundsatz durchgesetzt, kann jeder nur noch *Ich* sagen, seine höchstpersönliche Erlösung im Lichte des allgemeinen Verdikts suchen. *Ich* habe alles gewußt, aber *ich* war zum Glück nicht verwickelt. *Ich* habe nichts gewußt, weil *ich* war in nichts verwickelt. *Ich* wiederum hasse die Vätergeneration (Grundsatz!), aber *ich* konnte *meinem* Vater verzeihen (Detail!) Dies alles zeigt: Die grundsätzliche Einschätzung dieser Geschichte ist heute common sense. Man mag bezweifeln, daß er definitiv ist, aber jeder Versuch, Details und noch mehr Details zu verallgemeinern, führt immer nur zu folgender Manifestation: Es hat sich ein »gesellschaftliches Wissen« herausgebildet, welche Betroffenheitsadjektive eingeflochten, welche Distanzierungsfloskeln ausgestellt werden müssen, und mit jedem weiteren Wort zeigt sich nur unwillentlich und peinlich, wie Reste des Krieges immer noch in der Kriegsgeneration stecken, wie diese Geschichte in ihnen zuckt, kaum kontrollierbar hin und her zuckt zwischen dem, was sie damals glaubten, erlebten oder glauben erlebt zu haben, und dem was sie heute, im Frieden gealtert, glauben sagen zu müssen oder sagen, was wir ihnen glauben sollen. In Wirklichkeit wollen sie nur eines: Daß diese Geschichte endlich ruht!

Wissend genickt. So sind sie. Keine Chance, wir sind wachsam. Aber – wenn diese Geschichte jetzt wirklich ruhte? Soll sie ruhen! Aus zwei Gründen: Nehmen wir an, daß die Geschichte sich wiederholen kann, und gehen wir davon aus, daß wir uns heute nicht mehr auf den netten Aperçu von Karl Marx wohlig verlassen wollen, daß die Tragödien sich als Farcen wiederholen – ist es dann nicht besser, die Geschichte ruht? Ist aber die Geschichte, von der wir reden, in ihrem verbrecherischen Charakter einzigartig und unvergleichlich – wozu dann selbst in Frage stellen, was wir glücklich durchgesetzt haben, und sagen: Das Einzigartige ist gar nicht einzigartig, es kann sich jederzeit wiederholen?

Daß der Krieg, daß ihre Taten in den Tätern immer noch weiterleben, zeigt ja in erster Linie nicht, daß diese Menschen unverbesserlich sind, sondern daß unser grundsätzliches Verdikt stimmt, nämlich daß dieser Krieg und diese Taten etwas so Ungeheuerliches waren, daß es jedes menschliche Fassungs- und Verarbeitungsvermögen übersteigt. Wie würden wir dastehen mit unserem Urteil über diese Geschichte, wenn die, die sie er- oder gelebt und sie letztlich gemacht haben, mehrheitlich glaubhaft vorführen könnten, daß sie sie »bewältigt« haben und nun so darüber reden können wie ein Scheidungskind nach einer Psychoanalyse?

Ruth Beckermanns Film *Jenseits des Krieges* zeigt dies auf wunderbare Weise: Daß das Reden dem Schweigen nichts mehr hinzufügt. Wir haben es immer schon gewußt, wir haben nur noch nicht gewußt, daß wir dies auch wußten: daß Reden und Schweigen eins sind. In diesem Film können wir es plötzlich *sehen*. Wir *sehen* diese Menschen, ihre Physiognomien, ihre Kleidung, ihre Gesten, und: wir wissen alles. Wir sind nicht überrascht. Oder wir sind, zuhörend, überrascht von Details, die nicht ins Bild passen, und uns dennoch nicht am Grundsätzlichen zweifeln lassen. Zum Beispiel, daß der zunächst so besonders grauenhaft wirkende Mann mit dem stutzerhaften Lodenmantel und dem lächerlichen Jägerhütchen, geradezu die Karikatur eines Blut- und Loden-Österreichers, plötzlich relativ vernünftig spricht, während der aufrechte Antifaschist, der von seinem monarchistischen Elternhaus nachhaltig gegen Hitler geimpft worden war, einen so radikal unsympathischen Eindruck macht. Aber dann sehen wir diesen kleinen Mann, der so gern loswerden möchte, daß er fast ein Widerstandskämpfer war, und daß er deshalb beinahe Schwierigkeiten bekommen hätte. Er habe nämlich einmal angemerkt, daß es ein Wahnsinn sei, die Kriegsgefangenen sofort zu erschießen – weil man sie in der Heimat als Arbeiter gut gebrauchen hätte können. Wie menschlich, Menschen lieber versklaven zu wollen, statt sie zu ermorden. Wenn er doch geschwiegen hätte. Oder jener Mann, der sich freiwillig zum Ausheben der Massengräber gemeldet hat, weil »dafür bekamen wir einen Schöpfer mehr Suppe«. Er hat buchstäblich auf Leichenbergen überlebt. Ich will das nicht wissen – denn ich habe es gewußt. Es ist einer dieser Punkte, wo Vorurteil und begründetes Urteil kaum mehr auseinandergehalten werden können, weil sie sich berühren.

Wir, wir selbst haben in Hinblick auf diese Geschichte etwas zu »verarbeiten«. Wir – ach, keine Verallgemeinerung mehr, ich will jetzt auch *ich* sagen: *Ich* bin kein Opfer, kein Täter, und auch nicht gut. Ich bin ein Nachfahre. Ich leide an dieser Geschichte, an meinem Haß und auch daran, daß dieser Haß so eigentümlich kalt ist. Und er ist kalt, weil er durch den Kopf geht, aber er tat sich dennoch wie jeder Affekt schwer, sich mit einer Erkenntnis zu verbünden – zu der dieser Film jeden, der *sehen* kann, plötzlich zwingt. Ich – nein: jetzt kann ich wieder *wir* sagen, weil ich mich in diesem Punkt mit meiner Generation einig weiß – *wir* also haben – nicht Opfer seiend, nicht Täter seiend – an dieser Geschichte leidend ebenfalls etwas *getan*, das nun wir »verarbeiten« müssen: Wir haben immer schon Schweigen und Reden gleichgesetzt. Wir haben, wenn geschwiegen wurde, das Schweigen kritisiert, weil es so beredt war, so verräterisch. Und kaum wurde geredet, haben wir das Reden kritisiert, weil es so sprachlos war, voll von Verschweigen, so verräterisch. Wir haben es immer gleichbehandelt, es war für uns eins. Und dies müssen wir, sehend und hörend, heute zur Kenntnis nehmen: daß es eins geworden ist. Das heißt aber auch, daß wir, darüber räsonierend, was wir gesehen und gehört haben, das immer wieder skandalisierte Schweigen neu bewerten müssen. Vielleicht war es kein Verschweigen, sondern ein Beschweigen. Wir sehen es und können es begreifen, wenn wir diesen Film sehen, diese Menschen mit ihrer entmenschten Geschichte, die nun auftreten wie Kunstfiguren, synthetische Stichwortbringer für unser Urteil.

Sie reden und wir begreifen das Schweigen. Die Opfer haben geschwiegen und die Täter haben geschwiegen. Wieso haben wir dennoch alles gewußt? Noch nie in der Geschichte hat sich durch so hartnäckiges Schweigen so viel unverbrüchliches Wissen akkumuliert. Wieso? Weil niemand, der geschwiegen hat, so getan hat, so tun konnte, als ob nichts gewesen wäre. Ich kann mich nicht erinnern, jemals nicht gewußt zu haben.

Wenn ich, als Kind, als Jugendlicher, meine Großeltern väterlicherseits besuchte, wußte ich schon längst alles, nämlich nichts, nämlich das Grundsätzliche, genügend, aber nie genug, und ich fragte sie, wie es war, wie sie überlebt haben, Juden in Wien, und mein Großvater sah mich nur kurz an und er schob seinen Stuhl ruckartig zurück, stellte ihn schräg, so daß er nicht mehr mich, der ich ihm gegenüber saß, vor Augen hatte, sondern die Großmutter, und er schlug seine Beine übereinander, tupfte sich mit der Serviette den Mund ab – kurz erwartete ich immer wieder, daß er sich die Augen trocknen würde – und er sagte zu meiner Großmutter: »Übrigens, Dolly, weißt Du, wen ich gestern im Café Monopol getroffen habe – ?«

Er starb, und ich habe nie erfahren, was er erleben mußte. Aber ich hatte begriffen, warum ich es nicht wissen konnte. Denn ich habe es gewußt. Grundsätzlich.

Und meine Großmutter mütterlicherseits heiratete in zweiter Ehe einen Nazi. Ihr erster Mann, mein Großvater, war als politisch Unzuverlässiger ins Feuer geschickt worden. Und plötzlich dieser Nazi. Wie hatte sie das tun können? Er kam aus derselben Gegend wie sie, sie kannten die selben Menschen, interessierten sich für den selben Tratsch, waren süchtig nach Tanzen, sie ließen kein »Feuerwehrfest« aus. Es war ein betulich-befreites Tanzen auf einem erloschenen Vulkan. War/ist er erloschen? Heute würde man sagen, sie lebten eine *regionale Identität*. Das war irgendwie klar, auch wenn ich an diesen Mann keine Fragen hatte. Nie hätte ich Opa zu ihm sagen können. Es genügte, ihn zu sehen. Zu sehen, wie er aß, zum Beispiel. Er liebte es, fett zu essen. Wie schmierig sein Ausdruck von Glück war, wenn das Fett ihm bei den Mundwinkeln herunterrann. Das ist überhaupt einer meiner bleibenden Kindheitserinnerungen: dieses fettverschmierte Glück in den Gesichtern der Menschen, wenn sie aßen. Mehr hatte dieser Großmuttermann schon seinerzeit nicht vom Leben wollen, als ihm eine Wohnung versprochen wurde und das Ende der Arbeitslosigkeit. Dieses fette Grinsen war nicht nur Wollust wegen des endlich erreichten Überflusses, es war auch eine beharrliche Demonstration. Es sagte: Auch wir sind Opfer gewesen! Wir haben lange gehungert! Aber jetzt ist Schluß mit diesen finsteren Zeiten!

Wie ich seine Weinerlichkeit verachtet habe, wie groß meine

Schadenfreude war, als der Krebs ihn auffraß. Wie hat er sich schuldig gemacht, was hat er getan? Ich wußte es nicht und weiß es nicht, es hat mich nicht interessiert, weil ich ohnehin alles gewußt habe. Er lag im Sterben und wollte mir bei meinem letzten Besuch im Krankenhaus noch etwas sagen. Ich wollte es nicht hören. Ich wollte, daß er stirbt, und er sollte schweigen. Ich habe mich abgewendet. Jetzt sah ich »ihn« in Ruth Beckermanns Film wieder, nämlich Männer wie ihn. Und was erzählt er? Ich habe es gewußt. So habe ich es mir vorgestellt.

Es ist vorbei. Ich bin hinausgegangen aus dem Krankensaal, und bald darauf kam meine Mutter heraus auf den Gang und sagte, Onkel Franz ist gestorben. Menschen in Weiß liefen auf und ab. Weiß. Plötzlich war alles wie weiß getüncht. Das war's.

Wir sind im Schweigen aufgewachsen und haben doch immer alles gewußt. Was wir nicht gewußt haben, lernen wir erst jetzt: Daß es an der Zeit ist, zu begreifen, was wir als Kinder akzeptiert haben. Daß kein Wort mehr etwas ändert.

Für ein Kind, das eine Mauer sieht, ist es unerheblich, ob es erzählt bekommt, daß diese Mauer gestern oder daß sie vor Jahren errichtet worden ist. Oder ob es nichts erzählt bekommt und diese Mauer nur sieht.

Ich saß im Kino und sah. Sah Menschen reden. Und doch war, was ich sah, eine Mauer des Schweigens. Diese Mauer hat heute zahllose Graffitis.

### Der Preis der Fragen
Rede anläßlich der Verleihung des
Staatspreises für Kulturpublizistik

Wirklich höflich sind nur noch die Friedhöfe.

Es ist wenig zu sagen. Fast würde es genügen, bloß jenen Satz zu zitieren, der schon einmal bei einer Staatspreisverleihung gesagt worden ist, und der gerade heute eine neue, verallgemeinerte Bedeutung bekam, nämlich den Satz, mit dem Thomas Bernhard seine Dankesrede für den Staatspreis begann: »Es ist alles lächerlich, wenn wir an den Tod denken!« Ich weiß zwar nicht, ob ich mich bei dem einsamen Geschäft des Schreibens bereits mit Nikotin und Alkohol so kaputt gemacht habe, daß ich meinen individuellen Tod ernsthaft bald erwarten muß, aber ich weiß, daß gerade heute der Tod so allgegenwärtig geworden ist, daß mich die repräsentative Gelassenheit derer zutiefst schockiert, die sich auf Seiten der Sieger wähnen, solange sie siegen, und die dann nicht dabei gewesen, nicht beteiligt, und außer Streit neutral gewesen sind, wenn lange nach den »Humanitätsdilettanten« auch die professionellen Humanitäter begriffen haben werden, was es heißt, die Bombe zu lieben. Die Bomben werden nicht nur sprachlich ummantelt. Eine Agenturmeldung der *Agence France Presse* vom 21. April 1999: »Die NATO hat bestätigt, daß bei ihren Angriffen auf Jugoslawien auch Geschoße mit radioaktiver Ummantelung eingesetzt werden.« Eine kleine Agenturmeldung, die blendend zeigt, wer hier die Humanitätsdilettanten sind: Nämlich diejenigen, die Bombardements als »humanitäres Engagement« bezeichnen und zivile Opfer als »Problem einer Restunschärfe«. Es zeigt dies so blendend, daß man reflexhaft die Augen verschließen möchte – vor einem Krieg, der, wie es stereotyp heißt, »vor unserer Haustür stattfindet«. Nun bin ich nicht der

Meinung, daß ein Krieg »vor unserer Haustür« eine andere Qualität hat als ein Krieg auf einem anderen Kontinent. Wer versucht, sich vorzustellen, was Krieg bedeutet, wird hier unmöglich einen Unterschied machen können, schließlich leben wir alle auf dem selben kleinen Planeten. Einen Unterschied sehe ich nur insofern, als wir alle in Hinblick auf die eigene Haustür gelernt haben, vor ihr zu kehren und nicht Kriege zu führen oder sie moralisch gutzuheißen und »Hoppauf!« zu rufen. Mit sprachlicher und radioaktiver Ummantelung. Ich hätte mir erwartet, daß ein Staat, der seine Neutralität, so dubios sie sich auch entwickelt hat, außer Streit stellen will, nicht bloß die Antwort weiß, die von der militärischen Logik diktiert wird, sondern die Frage stellt: Zeigt sich nicht, daß der Satz, Menschenrecht komme vor Völkerrecht, in Wahrheit bedeutet: »Menschenrecht« kommt vor Menschenleben? Bedeutet der Satz, daß Menschenrecht vor Völkerrecht kommt, nicht auch, daß Österreich das Völkerrecht nicht mehr anerkennt, dessen Entwicklung und Herausbildung nach 1945 immerhin die Antwort auf die Menschenrechtsverletzungen auch und gerade in Österreich vor 1945 war? Wer den Frieden will, braucht Recht. Wer den internationalen Frieden will, braucht internationales Recht. Sollen wir mit weniger Recht ins nächste Jahrtausend gehen, als vor einen halben Jahrhundert begonnen wurde aufzubauen? Ich frage nur. Und hätte ein reiches Land nicht zumindest auf die Idee kommen können, daß ein reicher Kontinent den Konfliktparteien den Konflikt abkauft, statt Hoppauf und Grenzen dicht und Spenden Sammeln? Ich frage nur. Ich frage das uns alle, die gespaltene öffentliche Meinung mit ihren einhelligen Antworten – auch wenn das nur eine Wortspende mehr ist im Land der Spendeweltmeister.

Es ist alles lächerlich, wenn wir an den Tod denken, den wir täglich erleben, und von dem jeder einzelne ein bedaulicher Einzelfall ist, wegen dem bekanntlich niemand zurücktreten muß. Ich glaube, jeder hier kennt die berühmte seinerzeitige Antwort auf Thomas Bernhards Satz: »Ich bin dennoch stolz, ein Österreicher zu sein!« Diese Antwort wurde zu einem Refrain dieser Republik, die immer wiederkehrende trotzige Antwort an die Menschheit der jeweils letzten Tage. Und am nächsten Tag ist sie regelmäßig sogar Aufmacher, Schlagzeile auf einem Boulevard, der hierzulande noch nie dem Flaneur gehört hat, sondern jenen, die rauschhaft alle anderen, bishin zur Regierung, »vor sich hertreiben«. Neutrale Zustimmung zu radioaktiven Humanitätsbomben auf eine Bevölkerung, gegen die kein Krieg geführt wird, mit Klebestreifen buchstäblich mundtot gemachte »Häftlinge«, die kein Verbrechen begangen haben, sondern vor welchen geflüchtet sind. Wir kennen die Antworten, wir kennen die Differenz der Meinungen auf der Basis der Identität der Phrasen, wir kennen den Mechanismus, der dann regelmäßig zur alles aufhebenden Trotzdem-Antwort führt – aber was war die Frage?

Seit den Bomben auf Belgrad, und seitdem Haider aktiv und passiv von jenen zum Landeshauptmann gemacht wurde, die vor der Wahl nur ein einziges Wahlversprechen gegeben haben, nämlich: genau dies zu verhindern, solange sie noch eine demokratische Mehrheit dafür bekommen, und seit Kenntnis des Begriffs »Schübling« möchte ich all die täglich mir angebotenen Antworten nicht mehr hören, die allesamt Antworten sind auf Fragen, die niemand ernsthaft gestellt hat – Zum Beispiel: Zwar hat nicht einmal Stalin, was politische Verbrechen betrifft, Hitler das Wasser reichen können, aber ist nicht wenigstens Milošević mit Hitler vergleichbar? Ist deshalb ein Großalbanien, das immer noch ein Kleinstaat wäre, einem Großserbien, das immer noch ein Kleinstaat wäre, moralisch und als Staatsidee so sehr überlegen? Wo genau in der österreichischen Verfassung steht der Paragraph, daß die Stimmen der absoluten Mehrheit der Bevölkerung, sei es auf Landes- oder auf Bundesebene, augenblicklich nichts mehr zählen, wenn eine einzige Stimme, nämlich die des Herausgebers der Kronenzeitung, sie »sticht«? Wenn jeder einzelne zugeklebte »Schübling« mit einiger Logik als »Einzelfall« bezeichnet werden kann, sind dann nicht sogar hundert Prozent zugeklebte »Schüblinge« lauter Einzelfälle, also ohne Signifikanz für das System und kein Anlaß für politische Verantwortung? Wird den »Schüblingen«

von Vertretern der Kulturnation Österreich statt ihrer Rechte das Gedicht von H. C. Artmann vorgelesen: »Ich bin die kleine Mumie / und aus Ägypten kumm i eh«?

Hat irgendwer diese oder solche Fragen gestellt? Nicht daß ich wüßte. Und doch kennen wir alle die Antworten.

Was sind die Fragen?

Wir befinden uns hier im Prunksaal eines Hauses, in dessen Kellern und vor dessen Haustür unerhörte Fragen gestellt werden, und in dessen Schreibzimmern Antworten auf ungestellte Fragen formuliert werden. Und hier soll ich mich artig für einen Staatspreis bedanken. Ich gebe zu, daß ich stolz und glücklich bin, daß eine unabhängige Experten-Jury mich einer Auszeichnung für würdig befunden hat. Aber es will mir nicht gelingen, die mit diesem Preis verbundene Geldsumme einfach anzunehmen – weil ich keine Lust habe, mich mit noch weiteren grotesken Fragen und unverlangten Antworten zu beschäftigen, zum Beispiel: Wieso gibt der Staat jemandem Geld dafür, daß er ihm aufsässig ist? Oder: Ist der kritische Essayist damit nicht gezähmt worden, hat er sich jetzt nicht doch als Staatskünstler entlarvt?

Ich werde nie meine Dankbarkeit dafür verhehlen, daß ich mit Stipendien »subventioniert« wurde, als ich vom Schreiben noch nicht leben konnte. Aber ebenso kann ich nicht einfach nehmend hinnehmen, daß es heute immer wieder möglich ist, den simplen Sachverhalt zu skandalisieren, daß es ein kleines staatliches Budget für kritische Intelligenz und produzierende Kunst gibt. Und daß dies heute so ist, ist leider nicht bloß der »Erfolg« einer Oppositionspartei, sondern auch die Konsequenz, wenn auch die unbedachte, die ungewollte Konsequenz der grundsätzlichen Willfährigkeit der Regierung gegenüber dem Boulevard. Kurz: auch dies ist Stimmungssache – und an der Stimmung sind alle beteiligt, die sie bedienen. Dieser Stimmung will ich nicht nur keine Nahrung geben – unter dem Motto »Steuergeld für Nestbeschmutzer« –, ich will vielmehr, über meine kleinen Arbeiten hinaus, einen Impuls zur Konterkarierung dieser Stimmung setzen, zur Frage, was denn eigentlich die Fragen waren und wären. Aus diesem Grund will ich das Geld, das ich für diesen Staatspreis erhalten habe, für einen neuen, privaten, vom Staat unabhängigen Essaypreis stiften – den Jean Amery-Preis für Essayistik. Jean Amery wurde, wie Sie wissen, aus diesem Land vertrieben, er hat Folter, Knebelung und Krieg überlebt, Exil erfahren, und Essays von, wie es heute den Anschein hat, leider zeitloser Aktualität geschrieben. Ich habe zwei starke private Partner gefunden, die in Hinblick auf die Förderung des intellektuellen Diskurses beziehungsweise im Bereich des Kunstsponsorings bestens ausgewiesen sind, und die sich jetzt bereit erklärt haben, diesen Preis in Zukunft abzusichern. Darüber demnächst mehr. Für heute sage ich nur noch:

Ich danke sehr herzlich für die Auszeichnung, und ich danke auch dafür, daß sie mir die Möglichkeit gibt, sie zu vervielfältigen, gegen die Einfalt.

Konrad Paul Liessmann
## Laudatio zur Verleihung des Österreichischen Staatspreises für Kulturpublizistik an Robert Menasse am 12. Mai 1999

Es mag jetzt etwa ein Vierteljahrhundert zurückliegen, daß ich mit einer schon beängstigen Regelmäßigkeit jeden Dienstag Abend zu Robert Menasse in seine damalige Wohnung im 6. Wiener Gemeindebezirk pilgerte, um, nach einem kleinen Abendessen, mit ihm an einem Projekt zu arbeiten, daß uns damals, Mitte der 70er Jahre, als ein ultimatives Vorhaben erschien. Wir schrieben verbissen an einem Essay, von dem lange nicht mehr feststand als der Titel. Dieser lautete: *Zum letzten Mal: Die Intellektuellen, die Wahrheit und die Macht.* Ich weiß nicht mehr, was nach zahlreichen Abenden, an denen wir diskutierten, formulierten, verwarfen, stritten, neu anfingen, wieder diskutierten, noch einmal formulierten, stundenlang an einer Wendung feilten, schließlich herauskam, und ich bin froh, daß der vorläufig endgültige Text nie publiziert wurde und mittlerweile in unseren Privatarchiven verschwunden ist – aber eines glaube ich sagen zu können: Daß dieser Essay nur die erste Fassung eines Textes war, an dem, wenn auch in unterschiedlicher Weise, Robert Menasse und ich immer wieder weitergeschrieben haben, motiviert durch jene Konstellation, die uns schon in jenen längst vergangenen Tagen fasziniert hatte: Die Intellektuellen, ihr Verhältnis zur Wahrheit und zur Macht. Das abschließende »Zum letzten Mal«, mit spätpubertärem Gestus vorgetragen, war in Wirklichkeit aber ein erstes Mal gewesen.

Man könnte es auch anders formulieren: den Intellektuellen, den Schriftsteller Robert Menasse interessierte immer schon und mit wachsender Intensität das Verhältnis von Geist und Politik. Entscheidend für die Fragestellungen, denen sich Menasse in seinen Essays, Kommentaren, Reden und Einwürfen – und nur diese bilden den Gegenstand meiner Ausführungen, der Romancier Robert Menasse muß heute ausgeklammert werden – seit langem widmet, ist die zutiefst prekäre Situation jeder artikulierten Reflexion – und dies war und ist das Geschäft des Intellektuellen – angesichts einer zunehmenden Engführung von politischer Macht und medialer Zerstreuung. Das Verhältnis des Intellektuellen zur Gesellschaft hat sich im Zeitalter der totalen Medienmobilisierung radikal gewandelt, und Robert Menasse repräsentiert diese Entwicklung genauso wie seine Arbeiten ein ständiger Einspruch dagegen sind.

Das Verhältnis von Herrschaft und Denken behandelt Menasse allerdings nicht als ein abstraktes philosophisches oder soziologisches Phänomen, sondern als ambivalentes Moment – oder wie Menasse noch immer gerne sagt – als Widerspruch der Realität selbst. Diese Realität aber hat einen Namen, sie hat ihre Erscheinungsformen, ihre Wahrheiten und ihre Lügen. Mit noch anderen Worten: es geht Menasse, wie kaum einem anderen österreichischen Intellektuellen der Gegenwart, um Österreich, und zwar in einem äußerst pointierten Sinn. Man könnte auch sagen, es geht Menasse um das Prinzip Österreich, wie es sich nach 1945 als raffiniertes kollektives Selbsttäuschungsmanöver konstituierte und in der Wirklichkeit tatsächlich über weite Strecken erfolgreich durchsetzte.

Auf die immer wieder gestellte Frage, was denn das spezifisch Österreichische sei, habe ich selbst einmal launig geantwortet: diese Frage. Und man wird kaum fehlgehen, wenn man die Frage nach der österreichischen Identität zu einem der entscheidenden Motive für den intellektuellen Diskurs des letzten Jahrzehnts zählt. Robert Menasse war in diesen Diskurs nicht nur maßgeblich involviert, sondern er hat ihn durch brillante Analysen des österreichischen Geisteslebens in hohem Maße initiiert und gestaltet. Ich erinnere an seine Essaybände *Die sozialpartnerschaftliche Ästhetik* und *Das Land ohne Eigenschaften*, denen wir nicht nur einige der luzidesten und prägnantesten Analysen und Würdigungen der Literatur der Zweiten Republik verdanken, sondern auch Reflexionen zur politischen Befindlichkeit dieser Republik, die in ihren prägnanten Formulierungen schon nahezu – was natürlich auch eine Gefahr signalisiert, an der der Autor nicht ganz unschuldig ist – zu geflügelten Worten wurden. So halte ich Robert Menasses Beschreibung der Maxime österreichischer Politik als eines »Entweder-und-Oder« genauso treffend wie seine pointierte Charakterisierung der Grundpfeiler der Zweiten Republik, des Staatsvertrags und der Neutralität etwa, als »Realfiktionen«. Mit diesem Begriff hat Menasse übrigens eine Schlüsselkategorie zum Verständnis des Österreichischen entwickelt. Während andernorts Fiktion und Realität auseinanderklaffen können, sind in Österreich die Wirklichkeiten fingiert und die Fiktionen längst wirklich geworden. Ein Beispiel dafür wäre etwa auch die seltsame Tatsache, daß in Österreich die geschriebene, also die wirkliche Verfassung als Idealverfassung, die unausgesprochene Verletzung dieser Verfassung aber als die eigentliche »Realverfassung« gilt, weshalb es auch unmöglich ist, irgend etwas mit Hinweis auf die geschriebene Verfassung einzuklagen, denn die Realverfassung, die es in Wirklichkeit gar nicht gibt, ist in der Wirklichkeit immer stärker.

Betrachtet man das essayistische Œuvre Robert Menasses über einen längeren Zeitraum, so lassen sich Entwicklungen beobachten, die nicht nur mit dem Werdegang dieses Autors, sondern selbst wiederum mit der Geschichte dieses Landes zu tun haben. Wenn in Hinblick auf das vielfältige essayistische Werk des Geehrten überhaupt von Periodisierungen gesprochen werden darf, dann möchte man meinen, daß in einer frühen Phase die Auseinandersetzung mit der Literatur als Spiegel- und Sittenbild der Zweiten Republik dominierte, ja man kann vielleicht überhaupt sagen, daß Menasse aus der Analyse dieser Literatur überhaupt erst die von Ambivalenzen durchzogene und in allen politischen Facetten oszillierende Identität dieser Republik konstruierte. Es gehört zu den Vorzügen dieser Arbeiten, daß sie sich vor allem jenen Autoren widmen, die, gerade weil sie die Verdrängungsmechanismen des neuen Österreich thematisierten, von diesem selbst wiederum verdrängt wurden. Menasses Interpretationen etwa der Romane von Gerhard Fritsch und Hans Lebert gehören so nicht nur zu den entscheidenden Versuchen, sich jener Mischung aus Schuld und Unschuld, Mißachtung und Vergessen, Wahrheit und Lüge, die die österreichische Nachkriegsidentität formierte, über das literarische Bewußtsein zu nähern, sondern stellen auch luzide Würdigungen dieser lange, ja eigentlich bis heute unterschätzten Autoren dar.

Wenn Robert Menasse, der promovierte Germanist, über Literatur schriebt, schreibt er durch und durch ungermanistisch. Er schreibt wie jemand, der davon ausgeht, daß ihm die Literatur was zu sagen hat, einen Schlüssel zur Wirklichkeit in die Hand gibt. Ähnliches ist zu beobachten, wenn sich Menasse als Historiograph betätigt. Nie geht es ihm darum, festzustellen, was war, sondern immer darum, zu erkennen, was es bedeutet, daß es so war, wie es war. Zu den erhellendsten Texten dieser Seite seiner Arbeiten gehört etwa der Essay über das Staatswappen der Republik. Was daran fasziniert, ist vielleicht weniger die politische Geste, sondern wie ansonsten kaum beachtete Details zum Sprechen gebracht werden. Eine Analyse etwa der Entstehungsgeschichte des Staatswappens in der Ersten Republik zeigt, wie sich in Hammer, Sichel und Mauerkrone nicht nur die drei Stände – Arbeiter, Bauern, Bürgertum – ausdrücken, sondern im einköpfigen *schwarzen*, *rot* gezüngelten und *golden* bewaffneten Adler auch die von Karl Renner in das Wappen reklamierte Sehnsucht nach dem Anschluß an Deutschland, die sich als Farbenspiel des Wappens bis heute erhalten hat, obwohl seine Bedeutung längst vergessen wurde. Die Symbole des Österreichischen sind, so die These Menasses, schlechterdings von solch sublimer Ambivalenz: sie wirken in ihrer Wirkungslosigkeit, manchmal als Tragödie, meistens als Farce.

Menasses literarische Essays mündeten bekanntlich in seine *Sozialpartnerschaftliche Ästhetik*, mit der er den vieldiskutierten Versuch unternommen hat, die immer wieder gestellte Frage nach dem Spezifischen der österreichischen Literatur – etwa gegenüber der deutschen - zu beantworten. Hatte Claudio Magris für die ältere österreichische Literatur noch den *Habsburger-Mythos* als zentrales Paradigma destillieren können, so wird für die neuere österreichische Literatur nach Menasse das *Österreichische* selbst zum literatursinnstiftenden Mythos. Das Konstituierende des Österreichischen in der Zweiten Republik war aber, so Menasses These, die *Sozialpartnerschaft.*

Der Geist der Sozialpartnerschaft bestimmte nach dieser These nicht nur die Organisationsformen des österreichischen Kulturbetriebs, sondern auch das Bewußtsein und die ästhetischen Techniken der Künstler. Und vielleicht wird Menasses schöne Charakterisierung der Sozialpartnerschaft diese überdauern: »Alle wesentlichen politischen Entscheidungen werden im harmonischen Gespräch einer informell sich zusammensetzenden Handvoll Männer hinter verschlossenen Türen getroffen, abseits jeglicher demokratischer Kontrolle oder öffentlicher Diskussionen.« Enthoben der Konflikte erlebte das österreichische Bewußtsein so die Realität wesentlich als harmonisch, aber nicht im Sinne eines »solidarischen Miteinander«, sondern als »Nebeneinander von Einzelteilen, denen Solidarität und Konflikt beliebig anverwandelbar sind, wodurch sie aber konsequenzlos sind im großen System dessen, was es als gegeben empfindet.« Menasse versuchte zu zeigen, daß sich auf eine komplex vermittelte Weise diese Bewußtseinsformen auch auf die österreichische Literatur insgesamt ausgewirkt haben. Er fand auf diese Art und Weise übrigens auch zu einer Erklärung für ein oft beobachtetes Paradoxon der österreichischen Literatur: Daß nämlich »Dichter, die die avancierteste Form zur Beschreibung und Kritik von Herrschaftsverhältnissen entwickelt haben, gleichzeitig völlig entpolitisiert scheinen«, während jene Autoren, die mit dem Anspruch auftreten, eine »politisch explizit fortschrittliche Literatur zu machen« letztlich an der »Rückständigkeit ihrer Techniken« scheitern. Das Urteil Menasses über manche seiner schreibenden Kollegen fiel dann auch gar nicht zu deren Zufriedenheit aus – dieser Satz läßt sich allerdings auch umkehren.

In einer zweiten Phase ändern sich allerdings Stil, Charakter und Stoßrichtung der Essays von Robert Menasse. Die Auseinandersetzung mit der Literatur als Medium der Reflexion des österreichischen Bewußtseinszustandes tritt in den Hintergrund, die Analyse und Kritik der unmittelbaren Wirklichkeit gewinnt an Bedeutung. Menasse macht das, was von einem Intellektuellen immer erwartet wird – aber wehe, er tut es dann: er mischt sich ein, kommentiert, kritisiert und glossiert, vor allem die österreichische Innen- und Kulturpolitik. Keine Frage, daß diese Arbeiten, oft aus einem marginalen tagespolitischen Anlaß – etwa einer Regierungsumbildung – entstanden, aber immer auf das Grundsätzliche zielend, Menasse zu einer bekannten, aber auch umstrittenen Figur machten. Seine Strategie etwa, in den Zeiten der rhetorischen Haider-Phobie andere analytische Wege zu beschreiten als die eines reflexhaften moralisierenden Antifaschismus, gar sein doch etwas gewagter Versuch, Haider als neuen Linken zu entlarven, verwirrten die intellektuelle Szene dann auch einigermaßen. Und in dem Maße, in dem Menasse scharfzüngig und polemisch die Kultur- und Medienpolitik der großen Koalition in sein kritisches Visier nahm und dieser Regierung vorrechnete, was sie alles schon in die Tat umsetzt, von dem immer behauptet wurde, daß dies erst unter einer anderen Regierung drohe, die deshalb auch unter allen Umständen verhindert werden müsse, ließ die einfache Postwaldheimordnung, in der es sich viele Intellektuelle, Journalisten und Politiker in den letzten Jahren häuslich eingerichtet hatten, zusammenbrechen.

Doch nicht nur das Sujet, auch der Ton hat sich in den Arbeiten von Robert Menasse in den letzten Jahren geändert: er wurde schärfer, manchmal gereizt, im Wortsinn polemisch, hin und wieder auch persönlich, was nicht jedermanns Sache war. Die unmittelbare Reaktion auf die österreichische Wirklichkeit erforderte offenbar eine andere Sprache als eine Kritik, die sich über die Literatur vermitteln kann. In seinen besten Texten gelingt es Menasse allerdings immer wieder, seine souveränen Kenntnisse der Tradition der österreichischen Literatur mit seiner zornigen

Kritik der Verhältnisse auf eine Weise zu verbinden, die man subtil, ja geradezu hinterhältig nennen könnte. Zu den Glanzstücken dieses Genres gehört der Essay *Masse, Medium und Macht*, der es auf eine wahrlich verblüffende Weise schafft, einen zwingenden Bogen zu schlagen vom Brand des Justizpalastes über Elias Canettis *Masse und Macht* bis zum Geburtstagsfest eines Wochenmagazins, dessen Erfolg, so Menasse, nicht zuletzt darin gründet, daß es »regelmäßig Listen von Menschen veröffentlicht, die gleichsam ›über der Masse stehen‹, weil sie in irgendeinem Zusammenhang besonders ›wichtig‹ sind.« Der Witz dieser Listen, so Menasse mit dem ihm eigenen Gespür für die Realdialektik des österreichischen Lebens, liegt aber darin, »daß sie so lang sind, daß die darin verzeichneten Namen sofort wieder eine Masse ergeben.«

Im Gegensatz zum Poeten, dessen Schreiben vielleicht einer inneren Notwendigkeit gehorcht, ist das schreibende Verhalten des Essayisten reaktiv. Er reagiert: auf Anlässe, Vorkommnisse, Aufforderungen, Einladungen. Zahlreiche Texte, die Robert Menasse in den letzten Jahren verfaßt hat, sind Resultate solcher Reaktionen. Bewundernswert an diesen Texten ist, wie es dem Autor gelingt, jedem dieser Anlässe originelle und mit Phantasie und Wortwitz vorgetragene Ein- und Ansichten abzugewinnen. Wenn Menasse in seiner Rede zum 150. Geburtstag der Tageszeitung *Die Presse* dieses Flaggschiff eines bürgerlichen Journalismus in einem Land ohne Bürgertum mit der Titanic vergleicht, die untergehen mußte, damit sie als Mythos ewig weitersegeln kann, dann ist das nicht nur charmant, sondern hält auch eine Einsicht über den Zustand jenes Grundrechtes bereit, dem diese Zeitung ihren ersten Stapellauf verdankte: der Pressefreiheit.

Wie kaum ein anderer hat Robert Menasse – und dies prädestiniert ihn für den Kulturpublizistikstaatspreis – über die Kultur einer Nation, die nicht zuletzt in dem Selbstmißverständnis besteht, es handle sich bei ihr um eine Kulturnation, publiziert. Was den heute Geehrten daran interessiert, war und ist nicht nur der offene Widerspruch zwischen dem offiziösen Insistieren auf dieser kulturnationalen Besonderheit und der von ihm diagnostizierten reellen Abwesenheit jeder tatsächlichen Kulturpolitik, sondern auch und vielleicht sogar in erster Linie die vertrackte Weise, wie sich diese Kultur in der Realität selbst fingiert. In einem seiner schönsten Texte aus der letzten Zeit beschreibt Menasse das Haus, in dem sich sein Schreibatelier befindet. Es ist ein Gründerzeitgebäude in der Girardigasse, das nicht nur einmal ein Bordell war, sondern – angeblich – als solches von allen Anfang an geplant war: hinter der schmucklosen dezenten Fassade führt eine breite Wendeltreppe nach oben, in den einzelnen Stockwerken Galerien bildend, von denen sich die kleinen Apartments der Prostituierten abzweigten. Was das Haus zu sein schien, war es nicht, und was es war, schien es nicht zu sein. Unter den Nazis wurde das Gebäude dann gesäubert und vertauschte nochmals Sein und Schein. In nuce entwickelt Menasse an dieser Architektur und ihrer Geschichte eine Phänomenologie dieser Stadt: »Wien ist eine Stadt der Kulissen. Man kann nicht hinter alle blicken, aber vor fast allen kann oder muß man denken: Hier ist etwas gewesen. Was ist dahinter? Nichts. Vorne ist der Schein ohne Sein, dahinter das Sein ohne Schein.«

In Österreich vertauschen sich Schein und Sein, Realität und Fiktion, und man könnte es auch als die Grundfrage Menasses formulieren, was es für einen schreibenden Menschen bedeutet, in einem Land zu leben, in dem die Wirklichkeit durchsetzt mit Fiktionen und die Fiktionen leibhaftige Erscheinungen sind, und das ganz ohne technisch induziertes Virtualitätsgeklimper. Für den Essayisten Menasse, der den Dichter in sich nicht verleugnen kann, heißt dies übrigens auch, hin und wieder selbst der Versuchung zu unterliegen, Wirklichkeit und Fiktion zu vertauschen. Möglich, daß dem Geehrten selbst die Realität dieser Ehrung als Fiktion lieber wäre. Allein, Österreich wäre nicht Österreich, wenn es nicht auch das Kunststück zustande brächte, aus der gleichermaßen kakanischen wie kafkaesken Fiktion, daß ein Regierungschef seinem schärfsten Kritiker einen Staatspreis überreichen muß, eine liebenswürdige Realität werden zu lassen.